Der Islam, eine Verlockung!?

وَالسَّلَام

[wa-s-salam]

und es sei Friede

Der Islam,

eine Verlockung!?

Ekkehard Künzell

© 2008 Ekkehard Künzell
Herstellung: Books on Demand GmbH, Norderstedt
Verlag: Pentakuben, Aachen
ISBN: 978-3-9804560-7-4

Vorwort

Schon beim Titel dieses Buches wird sich berechtigte Kritik einstellen, denn was heißt „der Islam"? Es gibt viele unterschiedliche Gruppierungen innerhalb des Islams, die nur schwer unter einen Begriff zusammengefasst werden können. Eins ist jedoch allen gemeinsam: Der Koran und die Hadithe, sowie das Bekenntnis zu dem einen Allah und seinem Propheten Mohammed. Deshalb soll im Folgenden allein auf den Koran und die Hadithe sowie auf das im Koran ausdrücklich als vorbildhaft bezeichnete Handeln Mohammeds Bezug genommen werden.

Beim Bezug auf den Koran ergibt sich die Schwierigkeit der Übersetzung. Nach der Auffassung der islamischen Orthodoxie ist eine Übersetzung des Korans nicht möglich, weil die Offenbarungen Allahs in arabischer Sprache erfolgten und Allahs Wort nicht angetastet werden darf. Dennoch gibt es mehrere Übersetzungsversuche auch von Muslimen, die aber eben nicht mehr der Koran sind, obwohl sie so bezeichnet werden. Zweifellos geht bei jeder Übersetzung die Schönheit der Sprache und die Idiomatik verloren. Auch die Frage nach dem tieferen Sinn ist oft schwer zu beantworten. Als Hilfen wurden deshalb von mir verschiedene Übersetzungsversuche und entsprechende Kommentare herangezogen. Außerdem bedanke ich mich bei einem befreundeten geborenen Palästinenser, der mir mit seinen muttersprachlichen Kenntnissen geholfen hat. Ebenso auch bei Herrn Quaschning-Kirsch, einem Theologen und Übersetzer, der den Text kritisch durchgesehen hat und mir in Zweifelsfällen Rat geben konnte, was jedoch nicht bedeutet, dass er sich mit dem Inhalt identifiziert.

Zweifellos werden sich zum hier Vorgetragenen Fragen ergeben. Das ist aber auch ein Sinn dieses Buches, das dazu beitragen möge, den Dialog der Muslime mit den Andersgläubigen, insbesondere mit den Christen, anzuregen. Darüber hinaus möchte es aber auch den Meinungsaustausch über grundsätzliche Fragen unter den Muslimen anregen, zu denen verschiedene moslemische Gruppen differierende Antworten haben.

Kurze Geschichte der Offenbarungen

Das Zusammenleben der Menschen wird von vielen Faktoren beeinflusst: Der historische Hintergrund, die Tradition, Erziehung und Bildung, die ökonomischen Verhältnisse, das Rechtssystem und die Macht der Exekutive sind mit die Wichtigsten. Sie alle mögen sich von Land zu Land und von Zeit zu Zeit ändern. Zwei scheinbar gegensätzliche Faktoren werden bei allen unterschiedlichen sonstigen Einflüssen jedoch immer gleich mitbestimmend sein. Das ist auf der einen Seite die Sehnsucht der Menschen nach Frieden und auf der anderen ihr Aggressionspotential.

Zum Streben nach Frieden gehört der Wunsch nach Geborgenheit, Verständnis und Gerechtigkeit, die Bereitschaft zu Toleranz und Versöhnung, Entgegenkommen und Gastfreundschaft, Hilfsbereitschaft und Rücksichtnahme. Für Christen gehört auch die Nächstenliebe dazu, die Menschen zusammenführt und in Frieden miteinander leben lässt.

Dagegen steht die Erfahrung, dass sich der Mensch der Dinge und Mitmenschen bemächtigen will, die sein Überleben ermöglichen oder erleichtern und die ihm Lust verschaffen. Dazu gehört das menschliche Streben nach „Mehr", die Kraft, neue Ziele in Angriff zu nehmen, sich von Altem zu trennen und Neues zu wagen, Hindernisse zu überwinden oder aus dem Weg zu räumen. Dies alles gehört zu einem erweiterten Begriff der Aggression. Entdeckung, Eroberung, Machtausübung und Dominanz sind Ziele, die ins Auge gefasst werden und die dann meist keinen Platz für Rücksicht lassen. Der Weg zu solchen Zielen führt dann oft über Leichen. Und wenn die Ziele zur bloßen Ich-Befriedigung degenerieren, sind Vergewaltigung, Zerstörung und Mord die letzte Konsequenz, besonders dann, wenn die Kräfte nicht ausreichen, das Ziel zu erreichen und sich Frustration breit macht. Diese Beobachtung führte den englischen Philosophen Hobbes zu der krassen Aussage: „homo homini lupus" – der Mensch ist dem Menschen ein Wolf.

Die Friedenssehnsucht der Menschen führt dann dazu, um einen Krieg aller gegen alle zu vermeiden, einem Souverän Macht und

Recht in die Hand zu geben, damit er mit entsprechenden Gesetzen und Sanktionen für Frieden und Ordnung unter den Menschen sorgt.

Für Juden ist Jahwe, für Christen ist Gott und für Muslime ist Allah der einzig wirkliche Souverän, der Frieden unter den Menschen schaffen kann. Woher aber wissen die Juden, Christen und Muslime von ihrem Souverän und was wissen sie?

Das Woher ist schnell beantwortet: Die Juden haben die Thora, die Propheten und Schriften, die Christen folgen der Lehre des Mannes Jesus von Nazareth, die Muslime hören auf die Offenbarungen, die Mohammed zuteil wurden, und orientieren sich an dem, was Mohammed selbst gesagt und getan hat.
Die Juden haben Gott im Wesentlichen in der Geschichte ihres Volkes erfahren und diese Erfahrungen in den Büchern aufgezeichnet, die Christen „das Alte Testament" nennen. Die Lehre und das Wirken Jesu finden die Christen im Neuen Testament, insbesondere in den vier Evangelien.

Die Offenbarungen an Mohammed sind im Koran aufgezeichnet und seine Worte und

Taten sind in den Hadithen überliefert. Juden, Christen und Muslime berufen sich auf den Gott Abrahams und die Gesetze, die Moses am Berg Sinai gegeben wurden. Dennoch gibt es markante Unterschiede. Die Christen glauben, dass sich Gott in Jesus offenbarte. Die Muslime glauben, dass Allah seine Botschaften durch den Engel Gabriel dem Mohammed offenbarte. Jesus wird also als Offenbarungsbringer, Mohammed als Offenbarungsempfänger angesehen. Mohammed wurden diese Offenbarungen in klarer arabischer Sprache zuteil – Allah spricht arabisch! –, von ihm verkündet und weitergegeben und im Koran aufgeschrieben.

Von den Worten und Taten Jesu wissen die Christen durch die Evangelisten, die die Botschaft Jesu weitergaben. Neben den vier Evangelisten in der Bibel gibt es noch andere, die von Jesus wundersame Dinge überliefern. So gibt es zum Beispiel ein Thomas-, ein Nikodemus-, ein Bartholomäus- oder ein Petrusevangelium, und selbst die Berichte von Matthäus, Markus, Lukas und Johannes stimmen nicht in allen Punkten überein und der eine berichtet etwas, was der andere nicht erwähnt (Sondergut). Sie haben, wenn man vergleicht, etwa die gleiche Funktion und Autorität wie die Verfasser der Hadithe im Islam. Erst nach langen Diskussionen wurde auf den Synoden von Hippo (393) und Karthago (397) die Zusammenstellung des Augustin, die sich an die des Athanasius und des Hieronymus anlehnte, als Kanon für die westliche Kirche festgelegt[1]. Damit war die Kanondiskussion vorläufig beendet. Sie lebte aber im späten Mittelalter durch die Kanonkritik der Humanisten und besonders durch Luther wieder auf. Daraufhin hat die katholische Kirche auf dem tridentnischen Konzil 1546 festgelegt, die von Gott geoffenbarte Wahrheit sei einerseits in schriftlichen Zeugnissen und andererseits in mündlicher Überlieferung von der Kirche bewahrt worden, und derjenige, der die dann aufgezählten Schriften nicht als Kanon anerkennt, wird als Ketzer verdammt. Damit hat die katholische Kirche die Kanonfrage endgültig erledigt[2].

Analog haben die islamischen Wissenschaftler ihren ganzen Scharfsinn darauf

---

[1] Nr. 6, Bd. 3, Stichwort „Kanon" (Die Nummer bezieht sich auf die Bibliographie)
[2] Nr. 16, S. 72f, Nr. 81-84

verwandt, die Überlieferungsreihe der Berichte über Mohammeds Worte und Taten in den Hadithsammlungen zu überprüfen. Heute werden die Hadithe von Mohammed Ibn Ismail al-Buchari und Muslim Ibn al-Hadjdjadj von den meisten Muslimen als authentisch (sahih) angesehen.

Hierbei gibt es eine bemerkenswerte Parallele in der theologischen Entwicklung von Christentum und Islam:

Während bei den Evangelisten und Aposteln Jesus weitgehend einheitlich und unreflektiert als Mensch und Gott in einer Person angesehen wurde, begannen sich Theologen in der zweiten Hälfte des zweiten Jahrhunderts Gedanken darüber zu machen, wie das Göttliche und Menschliche in Jesus zusammengekommen sein könnte. Verschiedene Theologen und Schulen stritten mit sehr unterschiedlichen Thesen um eine Erklärung dieses Problems[1]. Dieser Streit spitzte sich schließlich zu in dem so genannten Arianischen Streit. Arius argumentierte, der gewordene Sohn kann der wesenhaft ungewordenen Gottheit des Vaters

---

[1] Genaueres s. Nr. 6, Bd. 1, Stichwort „Christologie"

nicht wesensgleich, sondern nur ähnlich sein (griechisch: homoiousios). Dagegen hat Athanasius stets auf der Einheit und Selbigkeit der göttlichen Natur von Vater und Sohn beharrt, was mit dem griechischen Terminus homoousios gekennzeichnet wird. Der sprachlich so geringe Unterschied eines Jotas wurde aber als bitterer Gegensatz empfunden und von beiden Seiten mit Unnachgiebigkeit vertreten. Auf der von Kaiser Konstantin einberufenen ersten Reichssynode von Nizäa (325) wurde auf Betreiben des Kaisers die Lehre des Arius verworfen. Für den Kaiser spielten dabei weniger theologische als politische Gründe eine Rolle. Er sah durch den Streit die gerade gewonnene Einheit des Reiches gefährdet und ersetzte die frühere Göttlichkeit des Kaisers nun durch die Göttlichkeit Jesu.

Anders als die biblische Überlieferung, die aus den Glaubenszeugnissen verschiedener Verfasser zusammengestellt ist, hat der Koran für den gläubigen Moslem keinen menschlichen Autor, sondern ist als Ganzes – aus einem Guss – die Offenbarung Allahs. Deshalb genügt beim Zitieren die Angabe der Nummer der Sure und des Verses, wobei bei der erst später zugefügten Verszählung geringfügige Abweichungen in den verschiedenen Übersetzungen vorkommen. Wenn nicht anders vermerkt, wird im Folgenden aus Nr. 3 zitiert.

Über 22 Jahre hinweg wurden Mohammed nach und nach Teile des Urkorans, der bei Allah ist, mitgeteilt.

Sure 43, Verse 3-5 Bei dem deutlichen Buch! Siehe, Wir (Allah) machten es zu einem Koran in arabischer Sprache, damit ihr es versteht. Und es ist fürwahr bei uns in der Mutter des Buches (dem Urkoran)

So heißt es auch in

85, 22 Doch die Ungläubigen hören nicht auf, die Offenbarungen Allahs des Betruges zu beschuldigen, aber Allah umfasst sie von allen Seiten. Wahrlich, dies ist der ruhmreiche Koran, niedergeschrieben auf der im Himmel aufbewahrten Tafel (dem Urkoran).

Der Überbringer der Offenbarungen ist der Engel Gabriel:

2, 98 Gabriel gab dir auf Allahs Geheiß die Offenbarung ein, die das erfüllt, was schon früher an Weissagungen vorhanden war, als eine Richtschnur und frohe Verheißung für die Gläubigen.

Das, was dann von Mohammed mündlich weitergegeben, schnell behalten und immer wieder rezitiert und schließlich gesammelt und aufgeschrieben wurde, war nicht hinterfragter Glaubensinhalt in den ersten zwei Jahrhunderten der muslimischen Zeitrechnung. Aber ähnlich wie bei den Christen tauchte im dritten Jahrhundert die Frage auf, ob der Koran ewiges ungeschaffenes Wort Allahs oder das von Allah erschaffene Instrument seiner Offenbarung sei[1]. Der Kalif Al Mamun (813-833) und sein Nachfolger Al Mutasim sahen in der Annahme, der Koran sei ewig und unerschaffen, eine Vergöttlichung des Korans, was der Einheit, Einzigkeit und Ewigkeit Allahs widerspräche. Deshalb vertraten sie die Meinung, der Koran sei das von Allah geschaffene Instrument der Offenbarung und als solches der menschlichen Vernunft anvertraut und unterworfen, d. h. er müsse in der jeweiligen Situation neu vernünftig interpretiert werden. Kraft ihrer Position als Kalifen wurde diese Einschätzung des Korans im

---

[1] nach Nr. 6 und Nr. 7

17

Jahre 817 als verbindliche Lehre erklärt. Einige Gelehrte, die heute noch diesen Standpunkt vertreten, werden Mutaziliten genannt.

Gegen sie erhob sich aber erbitterter Widerstand, der sich um den Theologen Ahmed Ibn Hanbal sammelte. Und obwohl sie von den mächtigen Kalifen unterdrückt und physisch verfolgt wurden, setzten sich die Hanbaliten, die an der Ewigkeit und damit Unantastbarkeit des Korans festhielten, schließlich durch. Daher hat der Nachfolger von Al-Mutasim, der Kalif Al-Mutawakkil, 849 als verbindliche Glaubenslehre erklärt: Der Koran ist ewiges Wort Allahs, über jede Kritik erhaben, letztlich unübersetzbar und er verlangt Gehorsam von den Gläubigen. Der Mensch soll dem Lichte Allahs folgen und sich nicht anmaßen, selbst einen Beitrag zur Vertiefung der Glaubenslehre oder zur Entfaltung der Gebote Allahs leisten zu können. Das geistige Erbe der Hanbaliten lebt heute in Saudi-Arabien bei den Wahabiten fort.

Der Theologe Abul-Hasan al-Ashari (873 – 935) lehrte auch den Koran als ewiges unveränderliches Wort Allahs. Er unterzog aber die aus dem Koran und der Überlieferung der Hadithe abgeleiteten Glaubenssätze der kritischen Kontrolle der Vernunft. Vor allem im Dialog mit Andersgläubigen plädierte er dafür, die Argumentation logisch und rational aufzubauen, um mit vernünftigen Gegengründen zu überzeugen. Diese Lehre (die Asharia) war viele Jahrhunderte lang die Position der islamischen Orthodoxie. Erst in neuerer Zeit gewinnt der Hanbalismus – besonders in Europa – wieder zunehmend Anhänger.

Diese theologische Entwicklung auf beiden Seiten gilt es zu beachten, wenn wir uns nun dem Islam zuwenden, und dem Leser die Frage stellen, ob er für ihn verlockend ist oder nicht.

Die Ausbreitung des Islams

Beeindruckend und erklärungsbedürftig ist die überaus rasche Ausbreitung des Islams nach dem Tod Mohammeds. Umso mehr, wenn man bedenkt, dass große Teile Nordafrikas zur Zeit Mohammeds christlich waren und in weniger als 80 Jahren fast dies ganze Gebiet bis zum Atlantik für den Islam gewonnen wurde. [1] Die alten Kulturländer des Nahen Ostens, Syrien, der Irak und Persien wurden in etwa zehn Jahren islamisch. Der Raum um Buchara und Samarkand, das damalige Transoxanien, kam 710 unter arabisch-islamische Herrschaft und die neue Religion verbreitete sich rasch. 732, hundert Jahre nach Mohammeds Tod, standen Muslime in Frankreich und im Osten waren sie bis zum Unterlauf des Indus vorgedrungen. Diese rasche Ausbreitung des Islams ging Hand in Hand mit den militärischen Eroberungen der Moslems und einer klugen Religionspolitik, die die Annahme des neuen Glaubens sehr einfach

---

[1] Ausführliches in Nr. 20

machte und mit handfesten Vorteilen verband.

Wie lange hat dagegen das Christentum gebraucht, um nur den Mittelmeerraum zu christianisieren! 300 Jahre dauerte es, bis unter Kaiser Konstantin die Verfolgungen aufhörten und das Christentum Staatsreligion wurde.

Dieser Unterschied hat etwas mit der Lehre Christi und mit den Offenbarungen des Korans zu tun.

Auch Jesus gibt seinen Jüngern den Auftrag, seine Lehre unter allen Völkern zu verbreiten:

Matth. 28, 19 + 20 Gehet hin und lehret alle Völker und tauft sie auf den Namen des Vaters und des Sohnes und des Heiligen Geistes und lehret sie halten alles, was ich euch befohlen habe. Und siehe, ich bin bei euch alle Tage bis an der Welt Ende.

Nach der oben gegebenen weiteren Definition gehört dieser Auftrag, den die Jünger „in Angriff nehmen" sollen, auf die Seite der Aggression. Jesus sagt aber auch, wie die Jünger dabei vorgehen sollen:

Matth. 10, 16 Siehe, ich sende euch wie die Schafe mitten unter die Wölfe, darum seid klug wie die Schlangen und ohne Falsch wie die Tauben.

Und es geht weiter, indem er seinen Jüngern voraussagt, dass sie verfolgt würden:

Vers 17 Sie werden euch überantworten vor ihre Rathäuser und werden euch geißeln in ihren Schulen.

Vers 23 Wenn sie euch aber in einer Stadt verfolgen, so flieht in eine andere. Wahrlich, ich sage euch, ihr werdet mit den Städten Israels nicht zu Ende kommen.

Ja, er sagt ihnen, dass sie keinen Frieden finden werden und sogar mit dem Schwert, d. h. mit dem Tod rechnen müssen:

Vers 34 Ich bin nicht gekommen, Frieden zu senden, sondern das Schwert.

Aber

Vers 38 Wer nicht sein Kreuz auf sich nimmt und folgt mir nach, der ist mein nicht wert.

Bei allen innerchristlichen Auseinandersetzungen und Kämpfen, von denen in der Apostelgeschichte und den Briefen einiges zu erahnen ist, kann man von den Christen in den ersten drei Jahrhunderten doch sagen, dass sie in der Nachfolge Jesu lebten, der sie gelehrt hatte:

Matth. 5, 44 Liebet eure Feinde, segnet die euch fluchen, tut wohl denen, die euch hassen, bittet für die, die euch beleidigen und verfolgen, auf dass ihr Kinder seid eures Vaters im Himmel.

Die Märtyrer der Christenheit sind das leuchtende Beispiel für die Macht der Gewaltlosigkeit. Sie folgten dem Beispiel Jesu, der bei seiner Verhaftung dem Petrus gebot: „Stecke dein Schwert in die Scheide" und von dem selbst keine blutigen Gewalttaten berichtet werden. Die einzige „Gewalttat" Jesu ist die, dass er in heiligem Zorn einige Tische und Stühle umgeworfen hat und die Händler und Käufer aus dem Tempel trieb. (s. Matth. 21, 12). Dass mit dieser Strategie der Gewaltlosigkeit schließlich im ganzen Mittelmeerraum eine so große Zahl von Gemeinden mit Menschen, die an Jesus Christus glaubten, entstand, dass der Kaiser Konstantin sie als Ordnungsmacht einsetzte um die „Wölfe" in Schach zu halten, muss Militärstrategen als reines Wunder erscheinen. Dass die Christenheit später, nachdem sie mit der Staatsmacht selbst auch zu Macht gekommen war, die Lehre und das Gebot Jesu an vielen Stellen verriet und mit Inquisition, Kreuzzügen, Ketzerverbrennungen und Hexenverfolgung das Schafskleid abgelegt und zu Methoden der Wölfe gegriffen hat, steht auf einem anderen dunklen Blatt. Immerhin haben die Kirchen diese Verirrungen und Gräuel eingesehen und bereut und sich neuerdings auf die Friedensbotschaft Jesu zurückbesonnen, wenn es unverständlicher Weise auch immer noch Leute gibt, die meinen, im Namen des Christentums mit Krieg und Waffengewalt gegen das Böse vorgehen zu müssen.

Auch die Botschaft, die Mohammed von Allah zuteil wurde, weist auf ein heiliges und ehrenvolles Ziel, nämlich die Menschen auf den Weg Allahs und damit zum endgültigen Frieden zu führen.

34, 29 Wir haben dich zu der Gesamtmenschheit nur deshalb geschickt, um Gutes zu verkünden und Strafe anzudrohen; aber der größte Teil der Menschen will das nicht erkennen.

Und

39, 88 Der Koran ist nichts anderes als eine Ermahnung für die gesamte Menschheit und ihr werdet es einst einsehen, dass seine Offenbarungen Wahrheit sind.

Wenn alle Menschen sich dereinst zum Islam bekennen, dann werden alle im Haus des Friedens wohnen, denn

48, 30 Mohammed ist der Gesandte Allahs und die es mit ihm halten, sind streng gegen die Ungläubigen, aber voll Güte untereinander.

Dieser Gegensatz zwischen den Gläubigen, die es mit Mohammed halten, und den Ungläubigen, denen, die im „Haus des Friedens" wohnen und denen im „Haus des Krieges", zieht sich durch den ganzen Koran. Er klingt schon in der ersten Sure, der Fatiha, dem Eingangsgebet jedes der fünf täglichen Gebete eines Moslems, an:

1, 6 u. 7 (Allah) Führe uns den rechten Weg, den Weg derer, die sich Deiner Gnade freuen – und nicht den Pfad jener, über die Du zürnst oder die in die Irre gehen.

Das Haus des Friedens, die muslimische Gemeinde, die Umma, liefert dem Moslem all das, was die Friedenssehnsucht des Menschen beinhaltet. Daneben wird mit dem Haus des Krieges, das alle Ungläubigen umfasst, das Aggressionspotential bedient und in eine eindeutige Richtung gelenkt. Die Kennzeichnung eines eindeutigen Feindbildes hat seit eh und je dazu gedient, die Loyalität zu dem jeweiligen Führer und der entsprechenden Gemeinschaft zu stärken und eine Motivation zu Hingabe und Opfer zu erzeugen. Ein solch einfacher, leicht nachvollziehbarer Dualismus besitzt für viele Menschen eine große Attraktivität. Er ist jedoch weit entfernt von dem allgemeinen Liebesgebot Jesu. Bis auf den heutigen Tag wird den Ungläubigen, die im „Haus des Krieges" wohnen, das Recht auf Eigentum und Leben abgesprochen[1]

---

[1] vgl. hierzu auch S. 76f

Djihad

Um das Ziel zu erreichen, alle Menschen zum Islam zu führen, unter dem alle „voll Güte untereinander" sind, wird von einem Moslem Einsatz, Bemühung und Anstrengung verlangt. Das Wort dafür ist Djihad und zwar auf vierfache Weise: Geboten ist der Djihad des Herzens, der Zunge, der Hand und des Schwertes.

Der Djihad des Herzens ist die Bemühung, den Einflüsterungen des Satans und den Verführungsversuchen der Ungläubigen zu widerstehen und alle Zweifel an der wahren Religion des Islams niederzukämpfen.

49, 7 Allah hat euch den Glauben lieb gemacht und hat ihn in euren Herzen verankert und euch Unglauben, Schändlichkeit und Aufsässigkeit verabscheuenswert gemacht. So sind die Rechtgeleiteten.

Der Djihad der Zunge besteht in erster Linie im Aussprechen des Glaubensbekenntnisses:

Ich bezeuge, kein Allah außer Allah und Mohammed ist der Gesandte Allahs

Erst mit dem Aussprechen des Bekenntnisses und dem Gebet der Fatiha (1. Sure – die

Eröffnende)[1] reiht sich der Mensch in die Gemeinschaft der Gläubigen ein und sagt damit öffentlich, dass er dem Willen Allahs folgen und die Pflichten und Weisungen des Korans erfüllen will. Auch das fünfmalige Gebet an jedem Tag gehört dazu. Ein wichtiger Teil der Bemühungen mit der Zunge ist natürlich auch die Mission:

16, 126 Rufe mit Weisheit und mit milder Ermahnung die Menschen auf den Weg deines Herrn, und wenn du mit ihnen streitest, so tu es auf die sanfteste Weise; denn dein Herr kennt den, der von seinem Weg abweicht, wie er auch die kennt, die recht geleitet sind.

Der Djihad mit der Hand ist der Einsatz und die Anstrengung, all das, was im Herzen gefühlt und mit dem Mund versprochen wurde, auch in die Tat umzusetzen. Der Koran liefert dem Gläubigen dazu eine umfangreiche Kasuistik, in der für die vielfältigen Situationen des Lebens Gebote, Ratschläge, Empfehlungen, Warnungen und auch strenge Verbote aufgezeichnet sind[1].

---

[1] s.o. S. 26
[1] mehr dazu s. die Kapitel: „Recht und Unrecht im Islam" und „Die Sharia"

Mohammed hat die Hauptpflichten folgendermaßen definiert2:

Der Islam besteht darin, dass du bezeugst: Kein Allah außer Allah und Mohammed ist der Gesandte Allahs; dass du das Gebet verrichtest, den Zakat (die Abgabe) zahlst, im Ramadan fastest, die Wallfahrt nach Mekka unternimmst, falls du dazu imstande bist.

Ganz allgemein heißt es:

9, 71 Nur die gläubigen Männer und Frauen sind untereinander Freunde, sie gebieten nur, was recht ist und verbieten, was unrecht ist, und sie verrichten das Gebet und geben Almosen und gehorchen Allah und seinem Gesandten. Ihnen ist Allah barmherzig; denn Allah ist allmächtig und allweise. 72 Den gläubigen Männern und Frauen hat Allah Gärten versprochen, von Flüssen durchströmt. ... 73 Du, o Prophet, kämpfe gegen die Ungläubigen und die Heuchler und sei streng gegen sie. Ihre Wohnung wird die Hölle sein. Eine schlimme Reise ist es dorthin.

---

[2] nachzulesen bei Bukhari, s.o. S. 14

Heutzutage wird der Begriff Djihad insbesondere von Nicht-Muslimen fast ausschließlich als Djihad mit dem Schwert verstanden. Diese Art der Bemühung und Anstrengung ist jedoch nur das Mittel zur Herstellung der Gerechtigkeit und zur Auseinandersetzung mit den Ungläubigen. Ehebrecher, Ketzer und Mörder werden dem Schwert ausgeliefert, um die Rechtsordnung wieder herzustellen. Die Auseinandersetzung mit den Ungläubigen erfordert oft den Einsatz des Schwertes, weil sie die Gläubigen zum Unglauben verführen wollen und oft genug auch selbst mit dem Schwert angreifen.

Auf den Djihad mit dem Schwert wird weiter unten im Kapitel „Der Kampf auf Allahs Weg" eingegangen.

Recht und Unrecht im Islam

Was Recht und Unrecht ist, wird an vielen Stellen spezifiziert. Hier einige Beispiele:

6, 152ff Sprich: Kommt heran, ich will euch vorlesen, was geboten und verboten ist: Ihr sollt keine Götzen neben Allah haben; euren Eltern sollt ihr Gutes tun; Ihr sollt eure Kinder nicht aus Furcht vor Armut töten, denn Wir wollen schon für euch und für sie sorgen; ihr sollt euch nicht der schändlichen Unzucht nähern, weder öffentlich noch geheim. Ihr sollt nach Allahs Verbot keinen töten, da Allah das Leben unverletzlich machte, außer wenn es die Gerechtigkeit fordert (nämlich nur Ketzer, Mörder und Ehebrecher, und soweit der Krieg es erfordert). Das hat euch Allah geboten. Ob ihr diese Lehre begreift? Kommt auch dem Vermögen des Waisen nicht zu nahe, ihr müsstet es denn vergrößern wollen, bis sie mündig geworden sind. Gebraucht nur richtiges Maß und richtige Waage. Wir legen einer Seele nicht mehr auf, als sie zu tragen vermag. In euren richterlichen Urteilssprüchen seid gerecht, sei es auch gegen eure nächsten Verwandten, und haltet treulich am Bündnis Allahs fest.

Dies ist in Vielem gleichlautend mit Sure 17. Dort heißt es unter anderem auch:

17, 27 Gib dem Verwandten, was ihm mit Recht zukommt und auch dem Armen und dem Wanderer; aber verschwendet euer Vermögen nicht. (seid also nicht geizig und nicht verschwenderisch Anm. d. A.)

17, 34 Ist jemand ungerechterweise getötet worden, so geben wir seinen Verwandten die Macht ihn zu rächen; dieser darf aber den Beistand des Gesetzes nicht missbrauchen, um die Grenzen der Mäßigung bei sühnender Tötung des Mörders zu überschreiten.

Dazu steht in

16, 127 Wenn ihr Rache an jemandem nehmt, so nehmt sie nur im Verhältnis des Bösen, welches er euch zugefügt hat. Doch wenn ihr das Böse mit Geduld hinnehmt, so ist es noch besser für die geduldig Tragenden.

Mitunter werden auch drakonische Strafen befohlen:

5, 39 Einem Dieb und einer Diebin haut die Hände ab zur Strafe dessen, was sie began-

gen haben. Diese warnende Strafe ist von Allah, denn Allah ist allmächtig und allweise. Wer aber bereut, nachdem er gesündigt hat, und sich bessert, zu dem wird Allah sich wieder hinwenden, denn Allah ist verzeihend und barmherzig.

Und wer wird angesichts einer solchen Strafe, die er eigentlich verdient hätte, nicht bereuen und sich bessern? De facto findet man in islamischen Ländern auch kaum Leute, denen die Hände abgehauen sind.

Ganz ausführlich wird das Erbrecht bestimmt: Es wird festgelegt, wer wen heiraten darf sowie das Vorgehen bei der Scheidung[1]. Die Heirat ist zur Vermeidung von Unzucht vorgeschrieben:

24, 33 Verheiratet die Ledigen unter euch, ebenso eure Knechte und Mägde, und wenn sie auch arm sind, so kann sie Allah mit seinem Überfluss reich machen.

Hinzu kommen Wasch- und Essvorschriften und es geht hin bis zu Anstandsregeln[2]: Ojeina Ibn Hosein und Akra Ibn Habeß sollen einst Mohammed mit lauter Stimme

---

[1] Dazu mehr im Kapitel „Scheiden tut nicht weh"
[2] Nr. 3, S. 418, Kom. 3

herausgerufen haben, als er zur Mittagsruhe in seinem Harem weilte. In dieser Situation erhielt Mohammed vom Engel Gabriel folgende Offenbarung aus dem Urkoran:

49, 3ff O Gläubige, erhebt auch nicht eure Stimme über die Stimme des Propheten. Sprecht auch nicht so frei zu ihm, wie ihr untereinander zu tun pflegt; denn sonst sind eure Handlungen vergeblich, ohne dass ihr es merkt. Die ihre Stimme in der Gegenwart des Gesandten Allahs dämpfen, deren Herz hat Allah, in Frömmigkeit bewährt, geöffnet; sie erhalten Versöhnung und großen Lohn. Die meisten derer, die dir von außen in die inneren Zimmer zurufen, kennen nicht die Ehrerbietung; wenn sie mit Geduld warteten, bis du zu ihnen herauskommst, das wäre schicklicher für sie; doch Allah ist versöhnend und barmherzig.

Zusammenfassend kann man feststellen, dass sich viele Vorschriften der Thora im Koran wiederfinden, wobei allerdings eine gewisse Erleichterung der strengen jüdischen Gesetze erkennbar ist. Das betrifft insbesondere die Essvorschriften. Von der Lehre Jesu, etwa von der Bergpredigt, ist nichts im Koran zu entdecken, denn Mohammed hatte weder die Schriften der Juden, das Alte Testament, noch die Evangelien und Briefe des Neuen Testaments gelesen. Er konnte vielleicht etwas Arabisch, keinesfalls aber Hebräisch oder Griechisch lesen. Seine Kenntnisse biblischer Geschichten hatte er auf seinen Karawanenreisen vor seinem Offenbarungserlebnis aus den Erzählungen am Lagerfeuer erlangt. Dort wurden vor allem die seltsamsten Wundergeschichten von Jesus erzählt, etwa wie er als neugeborenes Kind mit den Leuten spricht und seine Mutter Maria gegen Verdächtigungen verteidigt. Die Lehre Jesu war demgegenüber kein gefragter Erzählstoff. Die Abweichungen, Ergänzungen, Verkürzungen und Ausschmückungen der biblischen Texte bei Mohammed stammen natürlich aus dem Urkoran, wie sie Mohammed vom Engel Gabriel offenbart wurden und die deshalb im Islam eine höhere Authentizität beanspruchen als die ohnehin von Juden und Christen verfälschten Texte:

2, 75ff Ein Teil hat wohl Allahs Wort vernommen und begriffen, dann aber mit Absicht verdreht gegen besseres Wissen.

4, 45 Sahst du sie nicht, denen früher ein Teil der Offenbarung gegeben worden ist? Sie erkaufen nur Irrtum und wollen, dass auch ihr vom rechten Weg abweicht. Allah aber kennt eure Feinde, er ist euch ein hinlänglicher Schutz und genügt euch als euer Helfer. Einige von den Juden rücken Worte von ihrer wahren Stelle. ... Zweideutiges spricht ihre Zunge und mit Schimpfreden und Spott verlästern sie die Religion Allahs.

5, 13 Weil diese (die Kinder Israels) nun ihr Bündnis gebrochen haben, deshalb haben Wir sie verflucht und ihr Herz verstockt, so dass sie Worte von ihrer wahren Stelle gerückt und einen Teil dessen, woran sie gemahnt worden waren, vergessen haben.

Das herrliche Beispiel Mohammeds[1]

In all seinem Reden und Handeln wird Mohammed den Muslimen von Allah als leuchtendes Beispiel vorgestellt:

33, 22 An dem Gesandten Allahs habt ihr ein herrliches Beispiel eines Mannes, der auf Allah und den Jüngsten Tag hofft und oft Allahs eingedenk ist.

Nr. 2 übersetzt:

ein schönes Vorbild für jeden, der auf Allah und den Jüngsten Tag hofft.

Dabei wurde Mohammed nicht nur als Prediger und Verkünder der ihm zuteil gewordenen Offenbarungen, sondern auch als Staatsmann und Feldherr gefordert. Und gerade die Persönlichkeiten, die sich als Staatsmann oder Feldherr hervorgetan und dabei Großes erreicht haben, werden in den Geschichtsbüchern bewundert und über die Jahrhunderte hinweg von den Menschen verehrt. In ihnen sieht die Jugend ihre großen Vorbilder. Dass Mohammed dies alles in sich vereint, macht den Islam so attraktiv

---

[1] Die Fakten nach Nr. 7, Nr. 17

und verlockend. Es ist deshalb angebracht, auch die Taten Mohammeds als Staatsmann und Feldherr zu betrachten.

Im Alter von etwa 40 Jahren hatte Mohammed sein Berufungserlebnis. Als er sich nach anfänglichem Zweifel seiner Berufung als Prophet Allahs sicher war, begann er in Mekka zu predigen. Der Kern seiner Botschaft war: „Kein Gott außer Allah." Damit richtete er sich gegen den Polytheismus der Mekkaner und die vielen Götterbilder in der Kaaba. Außerdem geißelte er in seinen Predigten den Lebensstil des mekkanischen Establishments, der von Habsucht, Ausschweifung, Korruption und Rücksichtslosigkeit geprägt war. Außer seiner reichen Frau Khadidja und dem einflussreichen Tuchhändler Abu-Bakr waren es vor allem die einfachen Leute, die seine Predigten aufnahmen und die erste islamische Gemeinde bildeten. Bei der Oberschicht in Mekka rief seine Predigt dagegen erbitterten Widerstand hervor. Nicht nur die Kritik an ihrem Lebensstil, sondern auch die Befürchtung, dass ihre Einnahmen, die mit den vielen Pilgern zu den verschiedenen Götzen in der Kaaba in die Stadt flossen, versiegen würden, führten zu massiven Verfolgungen. Das führte dazu, dass viele Anhänger Mohammeds die Stadt verließen und nach Äthiopien auswanderten, wo sie von Christen freundlich aufgenommen wurden. Als Mohammeds einflussreiche Frau, die sich immer schützend vor ihn gestellt hatte, verstarb, spitzte sich die Situation derart zu, dass ein Blutbad unter der jungen Gemeinde abzusehen war. Bei dem ungleichen Kräfteverhältnis war an erfolgreichen Widerstand nicht zu denken. Mohammed schätzte die Lage richtig ein und wies die Muslime an, die Stadt zu verlassen. Sie wanderten nach Yathrib aus und er folgte ihnen bald darauf. Auch die meisten Exilanten aus Äthiopien kamen nach Yathrib, um in der Nähe Mohammeds zu sein. (Yathrib ist das spätere Medina – Stadt des Propheten). Dies war ein erster entscheidender Schritt, die Keimzelle des Islams vor der Vernichtung zu bewahren.

Der Zeitpunkt der Auswanderung Mohammeds (der Hidjra) aus Mekka Mitte Juli 622 wird dementsprechend auch zum Startpunkt der islamischen Zeitrechnung. Die zehn Jahre nach diesem Neubeginn bis zum Tod Mohammeds im Jahre 632 bilden darum auch den Schwerpunkt der folgenden Ausführungen.

In Yathrib – im Folgenden immer schon Medina genannt – hatte Mohammed nach seiner Ankunft drei Schwierigkeiten zu überwinden:

Das erste Problem war die Versorgung und Integration der Flüchtlinge aus Mekka und das Verhältnis zu den einheimischen Arabern. Mohammed wurde zwar von seinen Anhängern, die schon vor ihm nach Medina gekommen waren, als der Prophet Allahs und ihr Lehrer mit großer Freude aufgenommen, aber er hatte keine ausreichenden Mittel für die Versorgung der Flüchtlinge aus Mekka. Deshalb begann er für seine Gemeinde dadurch zu sorgen, dass er Raubzüge auf Karawanen organisierte, wie es arabische Stämme häufig taten. Seine ersten Unternehmungen waren nicht von Erfolg gekrönt, vermutlich, weil seine Streifzüge verraten wurden. Es ist naheliegend anzunehmen, dass Vertreter der jüdischen Stämme in Medina, die gute Handelsbeziehungen mit den Mekkanern unterhielten, die Informanten waren. Den ersten großen Erfolg hatte ein kleiner Trupp

Muslime, den Mohammed im Januar 624 nach Nakklah in die Nähe von Mekka geschickt hatte. Sie brachten dort eine reiche Karawane aus Yemen auf. Dabei missachteten sie die Friedenspflicht in dem Monat der Wallfahrt nach Mekka, der für die mekkanischen Händler der Monat mit dem größten Umsatz war. Hierdurch wurde den Mekkanern erstmals deutlich, dass die Aktivitäten der Muslime in Medina ernst genommen werden mussten.

Die Integration mit den Araberstämmen in Medina wurde dadurch belastet, dass es zwischen den arabischen Clans Rivalitäten und Streitigkeiten gab, die durch die Neuankömmlinge eher verstärkt wurden. Mit großem diplomatischem Geschick und eindrücklichen Predigten konnte Mohammed die Zwistigkeiten unter den Arabern jedoch sehr schnell überwinden. Er versöhnte die verschiedenen Arabergruppen und verschaffte ihnen so deutlich mehr Gewicht in der Stadt, in der drei große arabisch-jüdische Stämme bedeutenden Einfluss hatten und vor allem den Markt beherrschten. Das Verhältnis zu diesen jüdischen Stämmen entwickelte sich schon bald zu dem zweiten großen Problem.

Gerade von den Juden hatte sich Mohammed Unterstützung erhofft. Sein Hauptanliegen, dass es nur einen Gott gibt, hatte er in Mekka schon von den Juden bestätigt gefunden. Dort war Mohammed allerdings nur sporadisch Juden begegnet und diese hatten auch nur nebenbei von der Predigt Mohammeds gegen die vielen Götzenbilder in der Kaaba gehört und seiner Predigt von der Einzigkeit Allahs zugestimmt, was Mohammed als Bestätigung seiner Berufung erfahren hatte.

28, 52–54 Nun haben wir das Wort (den Koran) zu ihnen (den Mekkanern) kommen lassen, auf dass sie eingedenk seien, wie auch die, denen wir die Schrift schon vordem gegeben haben (die Juden), daran glauben. Wenn der Koran diesen vorgelesen wird, so sagen sie: „Wir glauben daran; denn er ist Wahrheit von unserm Herrn, und auch schon vor dem waren wir Moslems."

Der strenge Monotheismus der benachbarten Juden hatte wohl auch in Medina indirekt den Boden für Mohammeds Predigt von dem einen Allah vorbereitet. Hier traf er nun auf drei große jüdische Gemeinden, die seine Predigten ständig kritisch verfolgten. Mohammed war selbstverständlich kein Schriftgelehrter im jüdischen Sinne. Wie schon oben ausgeführt, hatten die Geschichten über die biblischen Gestalten, die in seinen Predigten eine große Rolle spielten, für die Juden nur Lagerfeuerniveau. Sie hatten kein Verständnis für die Mohammed offenbarten Abweichungen vom biblischen Text. Sie lachten und verspotteten ihn deswegen, was die Autorität Mohammeds ernsthaft gefährdete. Mohammed seinerseits war von der Authentizität seiner Offenbarungen überzeugt und beschuldigte die Juden, die ihnen gegebene Schrift verfälscht zu haben. [1]

4, 48 O ihr, denen die Schrift gegeben wurde, glaubt an das, was wir zur Bestätigung eurer früheren Offenbarungen jetzt offenbarten, bevor wir euer Antlitz zerstören und es dem Hinterteil gleich machen oder euch verfluchen. ...

56 Einige von ihnen (den Juden) glauben zwar nunmehr ihm (Mohammed), andere haben sich aber von ihm weggewendet.

---

[1] siehe die Koranzitate S. 37: 2, 75; 4, 45; 5, 14

Diesen ist die Höllenflamme genügende Strafe. Die, die unseren Zeichen nicht glauben, werden in Höllenflammen braten, und sooft ihre Haut verbrannt ist, geben Wir ihnen andere Haut, damit sie umso peinlichere Strafe fühlen, denn Allah ist allmächtig und allweise.

Hinzu kam, dass die Juden in Medina enge Handelsbeziehungen mit Mekka unterhielten, die sie durch das Vorgehen Mohammeds gegen die Mekkaner gefährdet sahen.

Hatte Mohammed sich bislang immer in der Reihe der großen biblischen Gestalten stehend gesehen und von „Allah und seinen Gesandten" (Plural) gesprochen, so spricht er fortan immer nur von „Allah und seinem Gesandten" (Einzahl), und hatte er sich dementsprechend anfangs beim Gebet wie die Juden gen Jerusalem gewendet, so ändert er nunmehr die Gebetsrichtung (Kibla) für die Moslems nach Mekka:

2, 144 Die Gebetsrichtung eurer Augen haben wir deshalb geändert, damit man zwischen denen, die dem Propheten folgen und denen, die ihm den Rücken kehren, unterscheiden kann. Manchem fällt das zwar schwer, doch nicht dem, den Allah leitet. ...

145 ... Wende dein Angesicht nach Al-Haram (die unverletzliche Moschee in Mekka), wo immer du auch weilen mögest. Nur in der Kibla richte dein Gesicht. Diejenigen, die dieses Buch besitzen, wissen wohl, dass diese Anordnung vom Herrn kommt.

Das dritte Problem war das Verhältnis zu Mekka. Dort hatte man Mohammed verfolgt und vertrieben. Dennoch war es seine Heimatstadt, und dort stand die Kaaba, und ihm war von Allah der Auftrag zugefallen, sie von Götzenbildern zu reinigen damit alleine Allah dort verehrt werden sollte:

2, 115 Als der Herr den Abraham durch mancherlei Gebote auf die Probe gestellt hatte und dieser sich als treuer Diener bewährte, da sagte er: „Ich setze dich als Hohenpriester für die Menschen ein." Abraham fragte: „Und meine Nachkommen?" Allah antwortete: „Die sündigen Frevler umfasst mein Bündnis nicht." Und als ich für die Menschen ein Versammlungshaus errichtete – auch als Zufluchtsstätte – und sagte: „Haltet die Stätte Abrahams als

Bethaus", da schlossen wir einen Bund mit Abraham und Ismael, dass sie dieses Haus rein halten (vom Götzendienst).

Mohammed sah sich als ihren Nachfolger, dem damit auch der Auftrag zugefallen war. Um ihn zu erfüllen, durfte er die Konfrontation mit den ihm feindlich gesinnten Mekkanern nicht scheuen.

Im März 624 zog Mohammed mit 350 Mann aus, um eine mekkanische Karawane, die aus Syrien zurückkam, abzufangen. Die Karawane unter Führung von Abu Sufyan, Scheich des Umayya-Stammes, wich jedoch mit Gewaltmärschen geschickt aus. Abu Jahl, Scheich der Makhzum, eines Stammes in Mekka, führte eine 800 Mann starke Entsatztruppe heran, um Mohammed eine Lehre zu erteilen. Am 15.März 624 kam es bei Badr zum Kampf. Mindestens 45 Mekkaner fielen, darunter ihr Anführer Aba Jahl, und 70 Mann wurden gefangen genommen. Mohammed hatte nur 14 Gefallene zu beklagen. Dieser Sieg Mohammeds gegen eine Übermacht der Mekkaner war ihm ein Zeichen der Hilfe Allahs und eine Bestätigung seiner prophetischen Berufung. Seine Stellung in Medina wurde dadurch erheblich gestärkt. Sie wurde noch weiter gefestigt durch eine kluge Heiratspolitik. Er war schon mit Aisha, der Tochter von Abu Bakr, verheiratet und heiratete nun noch Hafzah, die Tochter von Umar, deren Mann bei Badr gefallen war.

Die Juden vom Stamm Qaynuqa in Medina waren keineswegs erfreut über den Sieg Mohammeds und dieser fürchtete ihren Verrat. Er hatte von Allah schon Anweisung, ihm vom Engel Gabriel aus dem Urkoran übermittelt:

33, 60 u. 61 Wahrlich, wenn die Heuchler und diejenigen, in deren Herzen Krankheit ist, und die Aufwiegler in Medina (gemeint sind die jüdischen Stämme) nicht aufhören, so werden Wir dich veranlassen gegen sie vorzugehen. Dann werden sie nur noch für kurze Zeit deine Nachbarn sein. Verflucht sind sie! Wo immer sie gefunden werden, sollen sie ergriffen und allesamt hingerichtet werden.

Als sich nun noch ein Zwischenfall ereignete – ein Moslem tötete einen Juden wegen eines Übergriffs des Juden an einer Marktfrau und die Juden wiederum töteten den Moslem – war das Maß voll. Mohammed wandte jedoch noch nicht die ganze Strenge von Allahs Offenbarung an, sondern zwang die Juden dieses Stammes nur, Medina mit ihren Familien zu verlassen.

Noch im gleichen Jahr führte Mohammed erfolgreich Streifzüge gegen ihm feindlich gesonnene Nomadenstämme, die er dann aber durch Milde für sich gewann und sich so den Rücken frei machte für den erwarteten Rachefeldzug der Mekkaner. Und in der Tat mobilisierte Abu Sufyan eine stattliche Streitmacht. Am 21. März 625 erschien er mit 3000 Mann vor Medina, das von mehreren festungsartigen Vorposten umgeben war, die von den mekkanischen Waffen nur schwer zu überwinden gewesen wären. Mohammed wollte sich auch in diesen Stützpunkten verschanzen, doch ließ er sich von denen, die ihre Ernte auf den vorgelagerten Feldern gefährdet sahen, überreden, zur offenen Feldschlacht auszurücken. Nach einem Nachtmarsch mit 1000 Mann erreichte er den Hügel Uhud in einiger Entfernung vom mekkanischen Lager.

Am Morgen des 23. März griffen die mekkanischen Fußtruppen an, wurden aber unter beträchtlichen Verlusten zurück geschlagen. Als die Muslime sie dann verfolgten, gar nicht mehr auf die Befehle Mohammeds hörten und die Bogenschützen, die die linke Flanke sicherten, ihre Stellungen verlassen hatten, unternahm die mekkanische Kavallerie einen überraschenden Flankenangriff. Das brachte die Reihen der Muslime in Verwirrung. Einige wollten sich auf die befestigten Forts zurückziehen und wurden niedergemacht.

Mohammed und die Kerntruppe schafften es gerade noch, die unteren Hänge des Berges Uhud wieder zu erreichen, wohin ihnen die berittenen Kräfte der Mekkaner nur schwer folgen konnten. Wegen der erlittenen Verluste konnten die Mekkaner den errungenen Vorteil nicht voll ausschöpfen und zogen sich nach Mekka zurück.

So gab es keinen klaren Sieger oder Verlierer. Die Verluste auf beiden Seiten hielten sich etwa die Waage. Immerhin hatte Mohammed eine Schlappe erlitten und das Vertrauen der Muslime war erschüttert. Es ist spannend, im Koran in Sure 3 zu lesen, mit welchen Offenbarungen Allah die Zweifelnden und Verzagten wieder aufrichtet und wie er die Niederlage erklärt, was hier nur ausschnittsweise zitiert werden kann:

3, 153–156 Allah hatte seine Verheißung schon erfüllt, als ihr mit seinem Willen die Feinde geschlagen habt; dann aber wurdet ihr verzagt und strittet über die Befehle und wurdet aufrührerisch (befolgtet die Befehle nicht), obgleich Er euch die Erfüllung eurer Wünsche gezeigt hatte. ... Er ließ euch in die Flucht jagen, um euch zu prüfen; doch er hat euch bereits vergeben, denn Allah ist huldvoll gegen die Gläubigen. Erinnert euch, als ihr nach oben weglieft ohne euch umzuschauen und der Prophet euch nachrief, da ließ Allah Not über Not auf euch kommen. ... Nach dieser Not ließ er einen Teil von euch zur Erquickung in tiefen Schlaf fallen. Andere aber quälten und beunruhigten sich selbst, indem sie Fälschliches und Törichtes von Allah dachten und sprachen: „Wird uns die Verheißung wohl in Erfüllung gehen?" Antworte: „Das Ganze ist Allahs Sache." Sie sagten: „Wäre uns die Verheißung nur zum Teil in Erfüllung gegangen, so wären wir hier nicht geschlagen worden." Antworte: „Und wärt ihr auch in euren Häusern geblieben, so hätten doch die, denen der Tod bestimmt war, hinaus auf den Kampfplatz gehen und dort sterben müssen. Allah wollte dadurch die

Gesinnung und Gedanken in eurer Brust prüfen und sie läutern. Allah kennt das Verborgene in eurer Seele. Die, die am Tage der Schlacht vor dem gegnerischen Heer den Rücken kehrten, wurden vom Satan gewisser Vergehen halber hierzu verführt. Doch Allah hat ihnen bereits vergeben, denn Allah ist versöhnlich und huldvoll. "

Dem jüdischen Stamm Nadir in Medina musste Mohammed vorwerfen, dass sie ihn in der Schlacht von Uhud nicht unterstützt hatten und er ging deshalb gegen sie vor. Die Juden verschanzten sich in ihren stark befestigten Häusern und glaubten, den Muslimen aus Medina wohl standhalten zu können, zumal sie von einigen aus deren Reihen Unterstützung erfuhren. Auf diese Unterstützer beziehen sich folgende Koranverse:

59, 12 ff: Hast du nicht die Heuchler gesehen? Sie sagen ihren ungläubigen Brüdern unter den Leuten der Schrift (den Juden) „Wenn ihr vertrieben werdet, so werden wir mit euch auswandern. Wir versagen jedem den Gehorsam, der euch angreifen will und werdet ihr angegriffen, so werden wir euch beistehen." Allah aber ist Zeuge,

dass sie Lügner sind. Denn wenn jene ver-
trieben werden, werden sie ihnen nicht fol-
gen und wenn sie angegriffen werden, wer-
den sie ihnen nicht beistehen – und wenn
auch, so würden sie im Kampf doch fliehen
und sie (die Juden) würden keinerlei Hilfe
haben. ...

15 Sie (die Juden) wollen nicht einmal in
offener Feldschlacht mit euch kämpfen,
sondern nur in befestigten Städten und hin-
ter Mauern. ...

16 Sie gleichen denen, (den Juden vom
Stamm Qaynuqa), die erst vor kurzem vor
ihnen die bösen Folgen ihres Verhaltens
erlebten. Sie traf eine schmerzliche Strafe.

Wer einmal in einem Wüstengebiet eine
Oase besucht hat, der weiß, dass die Häuser
auf den unfruchtbaren Hängen gebaut sind,
um nicht einen Quadratmeter fruchtbaren
bewässerten Bodens im Tal durch Über-
bauung zu verlieren. Im Tal stehen die Palmen und wachsen die Früchte. In ihren
burgartigen Häusern am Hang konnten die
Juden des Stammes Nadir sich in der Tat
recht sicher und jedem Ansturm gewachsen
fühlen, wenn nicht Mohammed zu einem
bis dahin nicht ausdenkbaren Mittel gegrif-

fen hätte. Eine gesunde Palme in einer Oase galt in der arabischen Welt seit jeher als sakrosankt. Mohammed aber ließ die Palmen niederhauen und vernichtete damit die Lebensgrundlage der Juden. Diese Art der Kriegsführung wird in den folgenden Koranversen von Ewigkeit her gerechtfertigt:

59, 3ff Allah ist es, der die ungläubigen Schriftbesitzer zur ersten Auswanderung aus ihrer Wohnburg gezwungen hat. Ihr dachtet nicht, dass sie abziehen würden, und auch sie selbst meinten, dass ihre Festungen sie gegen Allah beschützen könnten. Aber Allahs Strafgericht kam über sie von einer Seite, woher sie es nicht erwarteten, und er jagte Schrecken in ihre Herzen, so dass sie ihre Häuser – zerstört durch die Hand der Gläubigen – zuletzt mit eigener Hand niederrissen. Und wenn auch Allah die Verbannung nicht über sie niedergeschrieben und verhängt hätte, so hätte er sie doch auf eine andere Weise in dieser Welt gestraft, und in jener Welt ist ihnen außerdem die Strafe des Höllenfeuers bereitet. Dies traf sie, weil sie sich Allah und seinem Gesandten widersetzten; denn wer sich Allah widersetzt, gegen den ist Allah streng im Bestrafen. Was ihr auch an Pal-

men fälltet oder auf seinen Wurzeln stehen ließt – so oder so – es geschah wie Allah will um die (jüdischen) Übeltäter mit Schmach zu bedecken.

Da die Juden daraufhin keine Möglichkeit mehr sahen, ihren Lebensunterhalt in der Oase zu finden, kapitulierten sie. Immerhin erreichten sie bei Mohammed freien Abzug mit Frauen und Kindern und mit dem, was sie mitnehmen konnten, nur die Waffen mussten sie abgeben. Trotzdem blieb Mohammed reiche Beute zurück. Damit war ein zweiter Pfeiler der jüdischen Opposition beseitigt.

Nach der Schlacht von Uhud bereiteten sich beide Seiten auf die Entscheidungsschlacht vor. Auf Anraten eines Persers ließ Mohammed zusätzlich vor den Mauern von Medina einen Graben ausheben. Abu Sufyan hatte eine beachtliche Streitmacht mobilisiert. Im April 627 rückte er mit 10 000 Mann auf Medina vor. Aber diesmal hatte Mohammed die Ernte schon vorher einbringen lassen und vermied die offene Feldschlacht. Stattdessen verschanzte er sich hinter den Mauern. Die Mekkaner, besonders die Reiterei, waren durch den ihnen ungewohnten Graben irritiert und behindert. Alle Versuche, ihn zu überwinden schlugen fehl. Nach 14 Tagen Belagerung wurde das Futter für die Pferde knapp. Obendrein erhob sich ein Wüstensturm und widrige Witterung, sodass die Mekkaner unverrichteter Sache abzogen. Mohammeds Stellung in Medina war nun endgültig gefestigt. Mohammed brüstete sich jedoch nie mit seinen Erfolgen, denn es sind allein die Erfolge Allahs:

33, 26–28 Die Ungläubigen (Götzendiener aus Mekka) mit all ihrem Mut hat Allah zurückgetrieben und sie konnten keinen Vorteil erringen. Den Gläubigen aber war Allah hinreichender Schutz im Kampf, denn er ist stark und allmächtig. Er ließ auch mehrere von den Schriftbesitzern (den Juden des Stammes Qurayza – des letzten in Medina) aus ihren Festungen herabkommen um den Verbündeten Mekkanern Beistand zu leisten. Aber er warf Schrecken und Angst in ihre Herzen, so dass ihr einen Teil umbringen und einen anderen Teil gefangen nehmen konntet. Und Allah ließ euch ihr Land erben, ihre Häuser und ihr Besitztum und ein Land, das ihr bis dahin nie betreten hattet, denn Allah ist aller Dinge mächtig.

Diese erfolgreiche Verteidigungsschlacht wird in den islamischen Geschichtsbüchern Grabenkrieg genannt.

Nach dem Grabenkrieg traf die Juden des Stammes Qurayza die ganze Strenge, die Allah schon anfangs Mohammed offenbart hatte: Alle 600 Männer des Stammes wurden liquidiert, die Frauen und Kinder als Sklaven verkauft. Danach gab es keine jüdische Opposition mehr in Medina. Diese Maßnahmen Mohammeds richteten sich keinesfalls gegen die Juden als Volk oder gar als „Rasse" wie bei den Nazis, sondern allein gegen diejenigen, die die Authentizität seiner Offenbarungen in Frage stellten und ihn nicht als Gesandten Allahs gelten ließen – also gegen die Ungläubigen. Dabei hat Mohammed ein Bekenntnis zu seiner Sendung nie mit Gewalt erzwungen, weil dies nur Heuchler hervorgebracht hätte. Vielmehr sollte ein solches Bekenntnis auf der Einsicht in die Wahrheit seiner Verkündigung beruhen. Es heißt ausdrücklich im Koran:

2, 257 Zwingt keinen zum Glauben, da die wahre Lehre vom Irrglauben ja deutlich zu unterscheiden ist.

Im Folgenden zeigt sich die Weitsicht Mohammeds als Staatsmann. Sein vornehmstes Ziel war nicht die Demütigung und Ausschaltung der Mekkaner, sondern vielmehr sie für den Islam zu gewinnen und den Sachverstand und die administrativen Fähigkeiten dieser Leute für die weitere Expansion des Islam zu nutzen.

Etwa ein Jahr nach dem Grabenkrieg, im März 628, marschierte Mohammed mit 1600 Mann nach Mekka. Er schlug sein Lager in Al-Hudaybiyah, am Rande des geheiligten Bezirks von Mekka auf. Er hatte davon geträumt, die Kaaba umschreiten zu können, es gelang ihm aber nicht in die Stadt einzudringen. Die Mekkaner signalisierten Friedensbereitschaft; vor allem lag ihnen daran, ihre einträglichen Karawanen wieder ungefährdet durch muslimisches Gebiet um Medina führen zu können und Mohammed wollte seine zahlenmäßig unterlegenen Kräfte schonen. So akzeptierte er schließlich einen recht mageren Kompromiss, der zu einem Waffenstillstandsvertrag über 10 Jahre führen sollte. Seine Gefolgsleute waren sehr unwillig und verbittert über den demütigenden Kompromiss, bei dem gleich in der Überschrift „Abkommen zwischen dem Propheten Gottes Mohammed und den Mekkanern" die Bezeichnung des Vertragspartners Mohammed als Prophet Gottes durch den schlichten Namen „Mohammed ibn Abdullah" ersetzt werden musste.

Auch mussten alle umkehren und sollten erst im nächsten Jahr ohne Waffen wiederkommen dürfen, um die Wallfahrt zur Kaaba zu vollziehen. Umar, ein enger Gefolgsmann Mohammeds, erregte sich besonders über die Bestimmung im Vertrag „wenn jemand von uns (den Mekkanern) zu dir kommt, musst du ihn auch dann zurückschicken, wenn er deine Religion angenommen hat." Diese Klausel wurde auf Betreiben Süheyls eingefügt, dessen Sohn Abu Cendel sich zum Islam bekehrt hatte, deshalb in Mekka eingekerkert wurde, sich aber befreien konnte und während der Verhandlungen mit Ketten an den Füßen erschien und sich Mohammed zu Füßen warf. Abu Cendel flehte: „Ihr Muslime, wenn ich als Muslim zu euch komme, werde ich also den Götzenanbetern wieder ausgeliefert. Seht ihr denn nicht, in welcher Lage ich mich befinde?" Da Süheyl trotz vieler Bitten und Einwände Mohammeds auf seiner Forderung beharrte, musste Mohammed um des Friedens willen auch diese Forderung erfüllen. Es zeugt von der großen Autorität Mohammeds, dass er die Erfüllung des Vertrags bei seinen Männern trotz aller Einwände und Verbitterung durchsetzen konnte.

Da die Juden nicht in den Vertrag von Hudaybiya eingeschlossen waren, konnte Mohammed seine enttäuschten Mitstreiter für die entgangene Beute entschädigen, indem er mit ihnen zwei Monate später zu einem Feldzug gegen die Juden in Chaibar aufbrach. Bei diesem Waffengang wollten nun, anders als bei dem Zug nach Mekka, viele mitmachen, da abzusehen war, dass die Muslime hier leichtes Spiel haben würden. Es wurde aber Mohammed offenbart, ihnen dieses zu verwehren:

48, 16–18 Die zurückgeblieben sind, werden, wenn ihr auszieht Beute zu machen, sagen: „Lasst uns euch doch folgen", und sie wollen so das Wort Allahs ändern. Sage aber: „ Ihr sollt uns keineswegs folgen, dies hat Allah schon längst gesagt." Sie aber werden erwidern: „Nein, ihr missgönnt uns nur die Beute." Doch sie sind Menschen, die nur wenig Verstand besitzen. Sage zu den Arabern der Wüste die zurückgeblieben sind: „Ihr werdet einst aufgerufen werden, gegen ein mächtiges und kriegerisches Volk zu kämpfen, oder es bekenne sich zum Islam. Zeigt ihr euch dann gehorsam, so wird euch Allah herrliche Belohnung geben. Kehrt ihr aber den Rücken, so wie ihr früher den Rücken gewendet habt, so wird er euch mit peinvoller Strafe bestrafen."

In Chaibar machten die Muslime auch wirklich reiche Beute. Kinana Ibn al-Rabi, das Oberhaupt der Banu Nadir, wurde unter Folter gezwungen, das Versteck der Wertsachen preiszugeben. Anschließend wurde er getötet. Seine Frau, Safiyya bint Huyayy, nahm Mohammed als Kriegsbeute zur Sklavin. Später erhob er sie zur Ehefrau. In den Kapitulationsverhandlungen konnten die Juden allerdings erreichen, dass sie wohnen bleiben durften, um das Land zu bestellen. Sie mussten allerdings die Hälfte ihrer Erträge an Medina abführen und die

Bleibegenehmigung war jederzeit widerrufbar.

Kurz nach dem Waffenstillstandsvertrag von Hudaybiyah heiratete Mohammed Umm Habibah, die Tochter von Abu Sufyan, seines befähigtsten Widersachers in Mekka. Das führte zu einer Annäherung und einem gewissen Sinneswandel von Abu Sufyan, was sich zwei Jahre später als Vorteil erweisen sollte. Vermutlich bei der im Jahr 629 endlich erfolgenden Pilgerfahrt nach Mekka versöhnte sich Mohammed auch mit seinem Onkel Al-Abbas, der ihm bislang feindlich gegenübergestanden hatte, indem er seine Schwägerin Maymunah heiratete.

Im November 629 griffen mekkanische Verbündete arabische Stämme an, die sich unter den Schutz Mohammeds gestellt hatten. Dieser sah das als Vertragsbruch an und kündigte nun auch seinerseits den Vertrag und bereitete sich auf einen erneuten Marsch auf Mekka vor. Die Stämme, die sich beim ersten Mal verweigert hatten und dann beim Zug gegen Chaibar ausgeschlossen worden waren, hatten ihre Lektion gelernt. So konnte Mohammed im Januar 630 eine stattliche Truppe von 10000 Mann gen Mekka führen. Angesichts dieser Streitmacht gingen ihm Abu Sufyan und andere führende Mekkaner entgegen. Gegen die Zusicherung einer allgemeinen Amnestie übergaben sie formal die Stadt, die so praktisch ohne einen Schwertstreich eingenommen wurde. Nur 2 Moslems und 28 Mekkaner fanden dabei den Tod.

Mohammed zeigte sich sehr versöhnlich und vermied es, Rache zu nehmen. So kehrte Mohammed im Triumph in seine Heimatstadt zurück und gewann durch seine Milde außerdem die Loyalität der meisten Mekkaner. Es gab keine Zwangsbekehrungen, aber viele Mekkaner bekannten sich anschließend zum Islam.

Als Mohammed schon wenige Wochen später nach Osten marschierte, um einer neuen Bedrohung zu begegnen, marschierten schon 2000 Mekkaner mit. Mohammed hatte erfahren, dass sich die Nomadenstämme Hawazen und Takif zusammengerottet hatten, um gegen ihn zu ziehen. Es waren 4000 Mann, denen er mit 12000 Mann entgegen zog. Bei Hunein, einem Tal sechs Kilometer östlich von Mekka, kam es zur Schlacht. Trotz der großen Überlegenheit der Truppen Mohammeds siegte anfangs das feindliche Heer und die Anhänger Mohammeds ergriffen die Flucht. Nur Mohammed mit einigen Getreuen hielt tapfer stand. Mohammed wirbelte Sand auf und der Wind trieb ihn den Feinden in die Augen und so konnte Mohammed mit Allahs Hilfe die Feinde schließlich völlig besiegen. Die Offenbarung des ewigen Urkorans berichtet schon von dieser Schlacht:

9, 25 u. 26 In vielen Gefechten schon stand euch Allah bei, namentlich am Tage der Schlacht von Hunein, als ihr stolz auf eure größere Anzahl blicktet; diese aber konnte euch nichts helfen, und die sonst so weite Erde ward euch zu eng und ihr wicht und flüchtetet. Da zeigte Allah endlich seinem Gesandten und den Gläubigen seine fürsorgliche Allgegenwart und sandte Heere, die ihr nicht sehen konntet und strafte die Ungläubigen. Das war der Lohn der Ungläubigen.

Nach dieser Schlacht war Mohammed zweifellos der mächtigste Mann in Arabien. Bemerkenswert ist, dass Mohammed sich niemals selbst rühmte und auf seine Tapferkeit, Umsicht und Geschicklichkeit verwies, sondern in allem Allahs Vorsehung und Hilfe sah und Allah allein Lob und Dank spendete.

Nach diesem Sieg unternahm Mohammed seinen zumindest vom militärischen Aufwand her größten Feldzug. Ende Dezember 630, Anfang Januar 631 zog er mit einem gewaltigen Heer von 30 000 Mann zur syrischen Grenze nach Tabuk, das damals von christlichen Ghassaniden bewohnt war. Allein der Marsch dorthin dauerte einen Monat und fand bei großer Hitze und Dürre statt und es gab so manchen, der nicht mitzog.

9, 31 Die, die vom Zuge nach Tabuk zurückblieben, freuten sich daheim, dass sie dem Gesandten Allahs nicht gefolgt waren und sich geweigert hatten, mit Gut und Blut für die Religion Allahs zu kämpfen. Sie sagten: „Zieht doch in der Hitze nicht aus." Sprich: „Das Feuer der Hölle wird noch weit heißer sein." Möchten sie das doch einsehen. Lass sie nur noch ein wenig lachen, sie werden einst weit mehr weinen, zur Strafe für das, was sie getan haben.

In 9, 38f ermahnt Allah mit seiner Offenbarung die Gläubigen:

O Gläubige, was fehlte euch, als zu euch gesagt wurde: geht hinaus und kämpft für die Religion Allahs, dass ihr euch unwillig zur Erde neigtet? Habt ihr mehr Gefallen an diesem als an dem zukünftigen Leben? Wahrlich, die Versorgung in diesem Leben ist gegen die des zukünftigen nur als sehr gering zu achten. Wenn ihr nicht zum Kampfe auszieht wird euch Allah mit schwerer Strafe belegen und ein anderes Volk an eure Stelle setzen.

9, 41ff Zieht in den Kampf, leicht und schwer (bewaffnet) und kämpft mit Gut und Blut für die Religion Allahs; dies wird besser für euch sein, wenn ihr es nur einsehen wollt. Wäre ein Vorteil nahe und die Reise bequem gewesen so wären sie dir gefolgt; aber der Weg schien ihnen zu beschwerlich, und dennoch schwuren sie bei Allah „Wenn wir gekonnt hätten, so wären wir mit euch gezogen." So stürzen sie selbst ihre Seelen ins Verderben; denn Allah weiß es wohl, dass sie Lügner sind. Möge es dir Allah vergeben! Warum hast du ihnen auch nachgegeben, bevor du die Wahrhaftigen von den Lügnern unterscheiden konntest? Die, die an Allah und den Jüngsten Tag glauben, werden dich nicht um Entlassung bitten, wenn sie mit Gut und Blut kämpfen sollen. Allah kennt die, die ihn fürchten. Nur die werden dich um Entlassung bitten, die nicht an Allah und den Jüngsten Tag glauben und deren Herz noch Zweifel über die wahre Religion hegt und die daher von ihren Zweifeln hin und her geworfen werden. Hätten sie auch nur den Willen gehabt, in den Kampf zu ziehen, so würden sie sich doch wenigstens gerüstet haben. Ihrem Auszug war aber Allah entgegen, und darum machte er sie träge und es war ihnen gesagt: „Bleibt still sitzen mit den Stillsitzenden." Wenn sie aber auch mit euch gezogen wären, so wären sie euch nur zur Last gefallen, denn sie hätten unter euch hin und her laufend zur Uneinigkeit verführen wollen und mancher unter euch hätte auf sie gehört; denn Allah kennt die Bösewichter. Auch früher schon haben sie zur Empörung angereizt und deine Angelegenheiten verwirrt, bis sich die Wahrheit und der Wille Allahs in ganzer Klarheit gezeigt haben, wiewohl sie sich widersetzt hatten. Mancher von ihnen sagte zu dir: „Entlass mich doch und bring mich nicht in Versuchung." Fallen sie denn zu Hause nicht in

Versuchung? Doch die Hölle wird die Ungläubigen umfassen.

Das hier ausführlich beschriebene leuchtende Beispiel Mohammeds auf dem Gebiet der Kriegsführung begeistert nach einer Umfrage[1] immerhin auch heute noch fast 40% aller Muslime in Deutschland dazu, physische Gewalt als Reaktion auf die Bedrohung des Islams für legitim zu erklären. Fast 9% der in Deutschland lebenden Muslime sympathisieren in diesem Zusammenhang auch mit Selbstmordattentätern.

Eine der größten Bedrohungen ist nach der Offenbarung die Verführung zum Unglauben:

2, 191 ... tötet sie, wo immer ihr auf sie stoßt, ... denn Verführung ist schlimmer als Töten.

Darum sind Bibeln und erst recht Mission in den meisten islamischen Ländern verboten. Dem Beispiel Mohammeds folgend, kann auch schon eine Beleidigung des Propheten als Bedrohung empfunden werden.

---

[1] Nr. 19

Mohammed und die Christen

Die Kämpfe bei Tabuk waren die erste direkte Konfrontation mit christlichen Gegnern und änderten die bislang freundliche Gesinnung Mohammeds gegenüber den Christen. Diese hatten seinerzeit die muslimischen Flüchtlinge aus Mekka in Äthiopien freundlich aufgenommen und genossen daher bei Mohammed aus der Ferne ein gewisses Ansehen. Jetzt aber stellten sich die Christen seinem Prophetentum entschieden entgegen und damit wandelte sich seine Haltung. Das Vorgehen Mohammeds auf diesem Feldzug, seine Verhandlungen und Verträge mit den unterworfenen „Schriftbesitzern" sind wegweisend und maßgebend für seine Nachfolger geworden. Dazu heißt es im Koran:

9, 29 Bekämpft diejenigen der Schriftbesitzer, die nicht an Allah und den Jüngsten Tag glauben und die das nicht verbieten, was Allah und sein Gesandter verboten haben, und die sich nicht zur wahren Religion bekennen, so lange, bis sie ihren Tribut in Demut entrichten. (andere Übersetzung: als Erniedrigte entrichten).

Juden und Christen, später auch Zoroastrier, sind nach dieser Offenbarung Schutzbürger (kafir dhimmi – geschützter Ungläubiger). Sie werden auch als die Schriftbesitzer bezeichnet. Sie sind eine tolerierte Minderheit im islamischen Staat, der Leben und Eigentum gewährt wird.

Die Gelehrten des Islams haben als Kennzeichnung der „Erniedrigten" später verschärfte Auflagen formuliert: Kennzeichnung durch die Kleidung, ihre Häuser dürfen die muslimischen nicht überragen, kein Glockengeläut und öffentliche Gottesdienste, kein Kreuzzeichen oder Weintrinken in der Öffentlichkeit, nur Maultier und Esel als Reittier, keine hohen Ämter im Staat.

Die arabischen Juden wurden jedoch nicht mehr als Dhimmi anerkannt, da sie sich offen gegen Mohammed stellten wie andere Nicht-Muslime. Diese leben im Dar-al-Harb, dem Haus des Krieges. Die Kafir Harbi (Ungläubige aus dem Haus des Krieges) gelten grundsätzlich als dem Islam feindlich gesinnt.Wird ein nichtmuslimisches Land erobert, kann mit den Harbi auf dreierlei Weise verfahren werden: Sie können getötet[1], versklavt oder vertrieben werden. Yusuf al-Qaradawi, Rechtsgelehrter und eine der obersten zeitgenössischen Autoritäten im sunnitischen Islam[2], schreibt im Jahre 2003:

„Es ist durch islamisches Recht festgelegt, dass Blut und Gut der Menschen des Dar-al-Harb nicht geschützt sind, denn sie kämpfen gegen die Muslime und sind ihnen feindlich gesinnt. Sie haben den Schutz ihres Blutes und Gutes verwirkt." Und Ayatollah Chomeni verkündete[3]: „Unsere jungen Krieger ... wissen, dass das Töten von Ungläubigen einer der edelsten Aufträge ist, die Allah für die Menschen bereit hält."

Mohammed hatte nur ein oberflächliches und vermutlich gnostisch geprägtes Wissen vom Christentum. Von der Lehre Jesu kannte er so gut wie nichts. Tod und Auferstehung Jesu – den Juden ein Ärgernis

---

[1] s. Sure 2, 191 und 47, 4f
[2] Seine religiösen Kommentare erhalten durch Sendungen im Fernsehen Al Jazeera eine große Reichweite in der islamischen Welt.
[3] zitiert nach Amir Tahari „Morden für Allah", S. 173, Verl. Droemer-Knaur 1993

und den Griechen eine Torheit (1. Kor. 1, 23) – ist für den Moslem unvorstellbar. So wurde Mohammed offenbart:

4, 157 Und weil sie nicht geglaubt und wider Maria große Lästerungen ausgestoßen haben, darum haben wir sie verflucht. Auch weil sie gesagt haben: „Wir haben den Messias, den Jesus, Sohn Marias, den Gesandten Allahs getötet." Sie haben ihn aber nicht getötet und nicht gekreuzigt sondern einen andern, der ihm ähnlich war. In der Tat sind die verschiedenen Ansichten hierin nur Zweifel, weil sie keine bestimmte Kenntnis haben, sondern nur vorgefassten Vermutungen folgen. Sie haben ihn aber nicht wirklich getötet, sondern Allah hat ihn zu sich erhoben; denn Allah ist allmächtig und weise.

Mohammed hatte von Beginn an Anstoß an der Bezeichnung Jesu als Gottes Sohn genommen.

So heißt es in der oben zitierten Offenbarung weiter:

9, 30–33 Die Juden sagen: „Esra ist der Sohn Gottes", und die Christen sagen: „Christus ist der Sohn Gottes" Sie spre-

chen das nur mit dem Mund und gedanken-
los so, wie die Ungläubigen, die vor ihnen
lebten, zuvor geredet haben. *Allah wird sie
schon ihrer Lügen wegen strafen. Sie erkennen außer Gott und Christus, den Sohn
der Maria, ihre Rabbiner und Mönche als
ihre Herren an, obwohl ihnen doch geboten
ist, nur Allah allein zu verehren, denn außer ihm gibt es keinen Allah. Fern von ihm
das, was sie ihm zugesellen. Sie wollen das
Licht Allahs mit ihrem Mund ausblasen,
allein Allah wird sein Licht vollkommen
machen, so sehr sich die Ungläubigen auch
dem widersetzen. Er ist es, der seinen Gesandten mit der Rechtleitung und mit der
wahren Religion geschickt hat, welche alle
anderen Religionen überstrahlen soll.*

Ebenso in

*5, 73 f Wahrlich, das sind Ungläubige, die
sagen: Allah sei Christus, der Sohn der
Maria. Sagt ja Christus selbst: „O ihr Kinder Israels, dient Allah, meinem und eurem
Herrn." Wer Allah irgendein Wesen zuge-
sellt, den schließt Allah vom Paradies aus
und seine Wohnung wird das Höllenfeuer
sein und die Gottlosen werden keinen Helfer haben. Auch das sind Ungläubige, die*

sagen: „Allah ist einer von dreien." Denn es gibt nur einen einzigen Gott. Enthalten sie sich nicht so zu sprechen, wird die Schriftbesitzer schwere Strafe treffen."

Des Weiteren wird Mohammed offenbart, dass die Schriftbesitzer ihre Schriften verfälscht haben[1], insbesondere die Stellen, in denen er als Gesandter Allahs angekündigt wird. So heißt es im neuen Testament:

Joh. 14, 26 : „Aber der Fürsprecher (Luther übersetzt „der Tröster"), der Heilige Geist, welchen mein Vater senden wird in meinem Namen, der wird euch alles lehren und euch erinnern alles des, das ich euch gesagt habe."

Im griechischen Urtext heißt „der Tröster" parakletos. Dies aber muss laut Offenbarung an Mohammed „periklytos, der Gepriesene" heißen, was gleichbedeutend mit dem arabischen Achmed ist und was Mohammed (der Gepriesene) auf sich bezieht, so dass hier also Mohammed schon von Jesus angekündigt wird.

---

[1] s. S. 37f Koranzitate: 2, 75; 4, 45; 5, 14

61, 6 Und Jesus, der Sohn der Maria, sagte: „O ihr Kinder Israels, wahrlich, ich bin euch ein Gesandter Allahs, der die Thora bestätigt, die ihr bereits vor mir erhieltet, und ich bringe frohe Botschaft über einen Gesandten, der nach mir kommen und dessen Name Achmed sein wird."

Westliche Wissenschaftler weisen darauf hin, dass die alte arabische Schrift eine Konsonantenschrift war, so ist einem arabischen Leser die lediglich unterschiedliche Vokalisierung leicht glaubhaft zu machen. Dabei wird jedoch übersehen, dass im Griechischen die Vokale geschrieben werden und somit eindeutig festgelegt sind. Diese Eindeutigkeit ist später beim Koran durch die Hinzufügung diakritischer Zeichen erreicht worden. Wenn sich auch die Bedeutung eines Wortes meist durch den Zusammenhang im Text ergibt, gab es doch an manchen Stellen des Korans unterschiedliche Lesarten mit oft verschiedener Bedeutung. Dies ist nach der Ergänzung der Vokalzeichen nicht mehr möglich.

Der Kampf auf Allahs Weg

Das mutige und entschlossene Vorgehen und die persönliche Tapferkeit Mohammeds in den oben geschilderten militärischen Auseinandersetzungen dürfte für viele junge Männer ein leuchtendes Beispiel sein, dem zu folgen sehr verlockend ist. Dabei sollten alle Nachfolger bedenken, dass Mohammed sich selbst nie mit seinen Taten gebrüstet hat und bei aller Strenge den Ungläubigen gegenüber doch auch den Bereuenden Vergebung verkündete und ihnen gegenüber Milde walten ließ. Er war auch einer der Ersten, der so etwas wie ein Kriegsrecht erstellte: Die Tötung von Frauen, Kindern, Greisen und Kranken war untersagt, eine Verstümmelung der gefallenen Feinde und das triumphierende Aufpflanzen ihrer Köpfe auf die Lanzen war verboten. So haben auch heute die führenden Vertreter des Islam im Analogieschluss das Zeigen der Enthauptung amerikanischer Gefangener im Fernsehen als unislamisch verurteilt.

An vielen Stellen im Koran wird Mohammed durch die Offenbarungen, die ihm der Engel Gabriel aus dem Urkoran bringt, ermahnt und ermutigt, auf dem Weg Allahs zu kämpfen und sein Leben einzusetzen und dementsprechend auch seine Gemeinde dazu anzuhalten. Hier einige Beispiele:

4, 72–75 O Gläubige, übt kluge Vorsicht im Krieg. Zieht nur in Trupps aus oder alle zusammen. Bleibt einer von euch feig zurück und euch begegnet ein Unglück, so sagt er: „Wie gnädig war mir Allah, dass ich nicht bei ihnen war!" Wenn Allah euch hingegen einen glücklichen Erfolg gibt, dann heißt es – als ob zwischen euch und ihnen keine Freundschaft gewesen wäre –: „O wäre ich doch bei ihnen gewesen, großes Heil hätte ich mir erworben!" Lass daher nur solche für Allahs Weg kämpfen, denen dieses Leben feil ist für das zukünftige. Wer für Allahs Weg kämpft, mag er umkommen oder siegen, wir geben ihm großen Lohn.

8, 13 Als dein Herr den Engeln offenbarte: „Ich bin mit euch, stärkt daher die Gläubigen, aber in die Herzen der Ungläubigen will ich Furcht bringen; darum haut ihnen die Köpfe ab und haut ihnen alle Enden ihrer Finger ab." Dies geschah deshalb, weil sie Allah und seinem Gesandten wider-

strebten. Wer sich aber Allah und seinem Gesandten widersetzt, für den ist Allah ein gewaltig Bestrafender.

Hier ist eine Anmerkung zur Übersetzung notwendig. Nach islamischer Lehre kann und sollte der Koran nicht übersetzt werden, da keine Übersetzung dem originalen Offenbarungstext gerecht werden kann. Dennoch gibt es viele Übersetzungsversuche, die sich bemühen, den Sinn des Originaltextes wiederzugeben.

In einer wörtlichen Übersetzung müsste es oben heißen: „Schlagt sie auf den Nacken."[1] Wenn man aber bedenkt, dass diese Formel schon in der Zeit vor Mohammed der Urteilsspruch für das Enthaupten eines Delinquenten war – er sollte mit dem Schwert auf den Nacken geschlagen werden – was übrigens als die humanste Todesart galt, kurz und schmerzlos, im Gegensatz zur Steinigung oder Kreuzigung, so macht die obige Übersetzung „haut ihnen die Köpfe ab" eher deutlich, was gemeint ist.

Zu dem nächsten Abschnitt meinen Kommentatoren, dass die Wendung „auf den Nacken schlagen" lediglich ein Hinweis auf

---

[1] s. Google „auf den Nacken schlagen"

die am leichtesten verwundbare Stelle ist, da der übrige Körper gepanzert ist. Sie fahren entsprechend fort: „**dann** legt sie in Ketten" und argumentieren, dass dies sinnlos wäre, wenn man sie vorher getötet hat. Die im Text verwendete Konjunktion (wa – und) bezeichnet nach meinem Arabisch als Muttersprache sprechenden Freund und Gewährsmann gleichzeitiges Handeln.

Der oben zitierte Übersetzer ergänzt stattdessen: „**die übrigen** legt in Ketten", und drückt damit aus, dass während einer Schlacht gleichzeitig einige getötet, andere gefangen genommen und gefesselt werden. Einige muslimische Kommentatoren meinen jedoch, dass während der Schlacht – „bis ihr eine große Niederlage angerichtet habt" – alle Feinde zu töten sind, und erst danach Gefangene gemacht werden dürfen. Andere dagegen (zum Beispiel die Hanafiten) meinen, dass diese strenge Anweisung nur für die Schlacht bei Badr gegeben und später aufgehoben wurde.

Der aus Jordanien stammende El Sarkawi rechtfertigt auch heute noch das Köpfen der Ungläubigen durch Moslems mit dem Koran. Anlässlich der Ermordung von Nicolaus Berg sagte er: „Der Prophet, gesegnet sei er, befahl den Gefangenen in den Nacken zu schlagen und sie zu töten. Er gab uns selbst ein gutes Beispiel."[1]

47, 5ff Wenn ihr im Krieg mit den Ungläubigen zusammentrefft, dann schlagt ihnen die Köpfe ab, bis ihr eine große Niederlage unter ihnen angerichtet habt, oder legt sie in Ketten und gebt sie, wenn des Krieges Lasten zu Ende gegangen sind, entweder aus Gnaden umsonst oder gegen Lösegeld frei. So soll es sein. Wenn Allah nur wollte, so könnte er auch ohne euch Rache an ihnen nehmen; aber er will dadurch einen durch den anderen prüfen. Die auf Allahs Weg getötet worden sind, ihr Wirken wird nicht umsonst gewesen sein. Er wird ihnen vorangehen und alles für sie ordnen und er wird sie in das Paradies einführen, so wie er es sie hat wissen lassen.

8, 66 O Prophet, feuere die Gläubigen zum Kampf an, denn zwanzig standhaft Ausharrende von euch werden zweihundert besiegen, und hundert von euch werden tausend Ungläubige besiegen, denn diese sind ein unverständiges Volk. Allah hat es euch

---

[1] zitiert nach Robert Misik in der TAZ vom 10. 7. 2004 „Die Halsabschneider von Bagdad"

leicht gemacht, denn er wusste wohl, dass
ihr schwach seid. Dennoch werden hundert
standhaft Ausharrende von euch mit dem
Willen Allahs zweihundert, und tausend von
euch zweitausend besiegen, denn Allah ist
mit den standhaft Ausharrenden.

47, 35 Den Ungläubigen und denen, die
andere vom Wege Allahs abwendig machen
und dann auch noch als Ungläubige sterben, denen wird Allah nie vergeben. Seid
daher nicht mild gegen eure Feinde und
ladet sie nicht zum Frieden ein: Ihr sollt die
Mächtigen sein; denn Allah ist mit euch und
er entzieht euch nicht den Lohn eures Tuns.
Wahrlich, dieses irdische Leben ist nur
Spiel und Scherz, wenn ihr aber glaubt und
gottesfürchtig seid, so wird er euch eure
Belohnung geben.[1]

---

[1] s. auch Nr. 21

Paradies und Hölle

So wie die Höllenqualen, die die Ungläubigen erwarten, an vielen Stellen mit furchter-
regenden Schreckensbildern geschildert
werden, so gibt es auch viele Schilderungen
der Freuden des Paradieses, das den Gläubigen und den tapferen Kämpfern immer als
Lohn verheißen wird:

*78, 32–37 Die Hölle aber liegt auf der
Lauer, um die Frevler aufzunehmen und sie
sollen darin auf ewig bleiben und es labt sie
keine Erfrischung und kein anderer Trank
wird ihnen geboten als siedend heißes Wasser von stinkender Fäulnis. Dies ist ange-
messene Belohnung dafür, dass sie nicht
erwarteten zur Rechenschaft gezogen zu
werden und nicht an unsere Zeichen glaubten und sie des Betruges beschuldigten.
Doch Wir haben alles gezählt und im Buch
aufgeschrieben. Nehmt nun die Strafe hin,
die wir euch stets vergrößern werden.*

*Für die Gottesfürchtigen aber ist ein Ort
der Seligkeit bereitet, mit Bäumen und
Weinreben bepflanzt und sie finden dort
Frauen mit schwellenden Busen und gleichen Alters mit ihnen und voll gefüllte Becher. Weder eitles Geschwätz noch Lüge*

werden sie hören. Dies ist Belohnung von deinem Herrn.

Eine besonders plastische und ausführliche Beschreibung der Freuden des Paradieses findet sich in 55, 47-79. Es handelt sich immer um handfeste irdische Güter in Hülle und Fülle und von besonderer Vollkommenheit. Ruhekissen, prächtige Gewänder, köstliche Früchte und Getränke, so wie wir unseren Kindern vom Schlaraffenland erzählen. Für Erwachsene dann noch ergänzt mit unvergleichlichen sexuellen Freuden, denn auch die versprochenen Huri (übersetzt als Jungfrauen) sind vollkommene himmlische Wesen, ewig jung, die Männer immer beglücken können, ohne dass sie von Tagen der Regel oder Schwangerschaft unterbrochen werden.

Nach jedem Vers wird gefragt: „Welche von den Wohltaten eures Herrn wollt ihr wohl leugnen?" Nachdem erst die Hölle beschrieben wurde, heißt es dann:

55, 47 Für den aber, der die Gegenwart seines Herrn gefürchtet hat, sind zwei Gärten bestimmt – 48 Welche von den Wohltaten eures Herrn wollt ihr wohl leugnen? – 49 ausgeschmückt mit Bäumen mit ausge-

breitetem Gezweig 50 ... 51 In beiden finden sich zwei plätschernde Quellen 52 ... 53 In beiden finden sich von allen Früchten zwei Arten 54 ... . 55 Ruhen sollen sie auf Polsterkissen die aus Seide und golddurchwirkt sind und die Früchte der beiden Gärten sollen ihnen nahe zur Hand sein. 56 ... . 57 In den beiden Gärten befinden sich auch Jungfrauen mit keusch niedergesenkten Blicken, welche zuvor weder Mensch noch Dschinnen berührt haben 58 ... 59 Schön sind sie wie Rubinen und Perlen. 60 ... 61 Sollte denn der Lohn der guten Werke anders als gut sein?

Es folgt noch die Beschreibung des zweiten Gartens. Das Bild von den wasserdurchströmten Gärten findet sich immer wieder. Ich habe es 72 Mal gefunden. Noch ein schönes Beispiel:

37, 41–49 Die aufrichtigen Diener Allahs aber sollen im Paradies vorbestimmte Versorgung erhalten: Herrliche Früchte genießen und hoch geehrt werden, in Edens Gärten auf erhöhten Ruhekissen einander gegenüber sitzen. Ein Becher, gefüllt aus sprudelndem Quell, wird unter ihnen kreisen, ein klarer Trunk, eine Erquickung der

Kostenden. Nichts, was den Geist verwirrt oder berauscht, wird er enthalten. Und keusche Frauen werden neben ihnen sein, mit großen dunklen Augen, schön wie das versteckte Straußenei.

Die letzten Zeilen greifen die Worte auf, mit denen ein Araber seine Geliebte beschreibt. Dieser Kontext macht klar, dass es sich um schöne Mädchen handelt, obwohl die Grammatik zulässt, es auch als männliche Gefährten zu verstehen, wie es Murad Wilfried Hofmann in seiner Koranbearbeitung sehen will. Er übersetzt „Huri" immer als „Partner" oder „Gefährten" beiderlei Geschlechts und weist in seiner Anmerkung[1] darauf hin, dass „al-hur" Plural sowohl von „ahwar" (m) der Gefährte, als auch von „hawra" (f) die Gefährtin ist. Eine solche Übersetzung widerspricht jedoch dem Kontext und hat einen unerwünschten Beigeschmack, da „Partner" im Deutschen männlich ist.

44, 52 Die Gottesfürchtigen aber kommen an einen sicheren Ort, in Gärten mit Wasserquellen, und sie werden sich, gekleidet

---

[1] Nr. 1, S. 534, Fußnote *

in Seide und Samt, gegenüber sitzen. So soll es sein. Und wir werden sie mit schönen Jungfrauen vermählen, jede hawra mit großen schwarzen Augen.

Nikolaus von Kues weist in seiner Schrift „Vom Frieden zwischen den Religionen"[1] mit Recht darauf hin, dass die Beschreibungen des Paradieses im Koran gleichnishaft zu verstehen sind. Er schreibt: „Nur so konnte der Koran ausdrücken, dass jenes Leben die Erfüllung aller Sehnsüchte ist." Er führt weiter aus: „Im Koran heißt es, dass die Mädchen im Paradies sehr schön und dunkelhäutig sind und große Kulleraugen mit leuchtend weißen Augäpfeln haben." Wenn er dann aber fortfährt: „Kein Deutscher würde das hier sehr verlockend finden, selbst wenn er noch so sehr den sexuellen Freuden verfallen ist", so irrt hier Nikolaus von Kues – ein Irrtum, den man einem Kardinal sicher nachsehen wird.

---

[1] Nr. 9, S. 121

Scheiden tut nicht weh

Mit diesem Hinweis auf die Freuden des Paradieses verlassen wir die Betrachtung Mohammeds als Staatsmann, Kriegsheld und Diplomat und wenden uns ihm als Vorbild im Bereich des Privatlebens zu. Um die Anziehungskraft des Islams in diesem Bereich deutlich zu machen, zunächst ein Vergleich.

Im Jahre 1954 gab es 605 392 Eheschließungen und 78 884 Ehescheidungen in Deutschland. 50 Jahre später, im Jahre 2004 standen 395 992 Eheschließungen 213 691 Scheidungen im vergrößerten Deutschland gegenüber. [1] Man mag sich über die verschiedenen Gründe für die enorme Zunahme der Zahl der Scheidungen streiten, ein wichtiger Grund ist sicherlich auch die zunehmende Entkirchlichung unserer Gesellschaft, die kirchliche Vorgaben nicht mehr so ernst nimmt und bereit ist, bei Schwierigkeiten in einer Beziehung diese zu beenden und einen Neuanfang zu suchen. Grundlage der christlichen Haltung in diesem Punkt sind Jesu Worte auf die Frage der Pharisäer zur Ehescheidung:

---

[1] Statistisches Jahrbuch im Internet

Mk. 10, 3ff Er antwortete und sprach: Was hat euch Moses geboten? Sie sprachen: Moses hat zugelassen einen Scheidebrief zu schreiben und sich zu scheiden. Jesus antwortete und sprach zu ihnen: Um eures Herzens Härtigkeit willen hat er euch solches Gebot geschrieben, aber von Anfang der Kreatur hat sie Gott geschaffen – einen Mann und ein Weib. Darum wird der Mensch Vater und Mutter verlassen und seinem Weibe anhangen und werden die zwei ein Fleisch sein. So sind sie nun nicht mehr zwei, sondern ein Fleisch. Und was Gott zusammengefügt hat, das soll der Mensch nicht scheiden. Und als ihn die Jünger noch mal fragten, sprach er zu ihnen: Wer sich scheidet von seinem Weib und freit eine andere, der bricht die Ehe an ihr, und so sich ein Weib scheidet von ihrem Mann und freit einen anderen, die bricht ihre Ehe.

Im Laufe der Kirchengeschichte hat es „um der Herzen Härtigkeit willen" manche Ausnahmeregelungen gegeben. Im Prinzip aber haben alle christlichen Konfessionen an der Verbindlichkeit der Ehe festgehalten, und zwar verbindlich im dreifachen Sinn: Erstens ist die Ehe verbindlich, weil sie Mann und Frau miteinander verbindet. Zweitens ist dieser Zusammenschluss verbindlich, im Sinne von „endgültig". Jeder Ehepartner hat sein verbindliches – ihn bindendes – Wort gegeben für den anderen in guten und schweren Zeiten einzustehen, und drittens soll die Verbindlichkeit im Sinne von „Zuvorkommendsein" die Grundhaltung der Eheleute zueinander sein.

Die Haltung des Islam zur Scheidung ist realistischer. Wenn sich auch dort im Laufe der Zeit Verschiebungen ergeben haben, so bleibt doch grundsätzlich im Islam die Scheidung erlaubt. Insbesondere für Männer ist eine Scheidung problemlos, er braucht der Frau nur dreimal den Scheidungsspruch mitzuteilen. In jüngster Zeit wurde unter Moslems diskutiert, ob ein per SMS übermittelter Scheidungsspruch eines Mannes an seine Frau gültig sei.

Allerdings wurde die bis zur Zeit Mohammeds völlig rechtlose Situation der Frau durch klare Bestimmungen verbessert:

2, 226ff Für die, die schwören sich von ihren Frauen zu trennen, sind vier Monate Wartezeit festgesetzt (sie sollen es 4 Monate bedenken Anm. d. A.). Geben sie dann ihr

Vorhaben auf, so ist Allah verzeihend und barmherzig. Doch wenn sie zur Scheidung entschlossen bleiben, dann ist Allah wahrlich hörend und wissend. Und die geschiedenen Frauen sollen warten, bis sie dreimal die Periode gehabt haben, und es ist ihnen nicht erlaubt zu verheimlichen, was Allah in ihren Schößen erschaffen hat, wenn sie an Allah glauben und an den Jüngsten Tag. Es ist billiger, dass der Mann, ist sie schwanger, sich ihrer wieder annimmt und sie sich miteinander in verständnisvoller Güte – beide guten Willens – versöhnen; dem Mann steht hierbei jedoch das letzte Wort zu. Allah ist mächtig und weise.

Der Scheidungsspruch ist zweimal erlaubt, dann aber müsst ihr sie in Güte behalten oder im Guten entlassen. Und es ist euch nicht erlaubt, etwas von dem, was ihr ihnen gegeben hattet, zurückzunehmen, außer beide fürchteten Allahs Gebote nicht halten zu können. Und wenn ihr fürchtet, dass beide Allahs Gebote nicht halten können (hier sind wohl die Gebote Allahs zum liebevollen Umgang der Gatten miteinander gemeint Anm. d. A.), so begehen beide keine Sünde, wenn sie sich mit etwas loskauft (indem sie dem Mann etwas von ihrem

Brautgeld zurückgibt). Dies sind Allahs Schranken, übertretet sie nicht.

Auch in 4, 20 ist noch einmal betont, dass der geschiedenen Frau ihr Eigentum bleibt, wenn der Mann sie fortschickt:

4, 20 Wenn ihr eine Frau gegen eine andere vertauschen wollt und ihr habt der einen bereits eine Summe gegeben, so dürft ihr nichts davon wiedernehmen.

Gerade in Hinsicht auf die Ehescheidung ergibt sich eine interessante Parallele und ein interessanter Gegensatz zur Haltung von Jesus. Beide, Jesus und Mohammed, nehmen für sich in Anspruch, in Vollmacht mit alt hergebrachten Normen umzugehen. So heißt es bei Jesus in der Bergpredigt:

Matth. 5, 27f Ihr habt gehört, dass zu den Alten gesagt ist: „Du sollst nicht ehebrechen." Ich aber sage euch: Wer ein Weib ansieht ihrer zu begehren, der hat schon mit ihr die Ehe gebrochen in seinem Herzen.

Jesus überhöht also das alte Gebot in einer Verschärfung, die jedem klar macht, dass wir allzumal Sünder sind und die Maßstäbe Gottes mit unserm Denken und Handeln nicht erfüllen, sondern ganz auf seine Gnade angewiesen sind.

Auch Mohammed stellt seine Offenbarung über bislang geltende Gesetze. Das berühmte und oft zitierte Wort vom „Siegel der Propheten" fällt in dem gleichen Zusammenhang wie die oben zitierten Worte Jesu:

33, 37ff Es ziemt den gläubigen Männern und Frauen nicht, wenn Allah und sein Gesandter irgendeine Sache beschlossen haben, sich die Freiheit herauszunehmen anders zu wählen; denn wer Allah und seinem Gesandten ungehorsam ist, der befindet sich in offenbarem Irrtum. Als du zu jenem (Zayd), dem Allah und dem Du Gnade erzeigt hattet, sagtest: „Behalte dein Weib und fürchte Allah", verbargst du in deinem Herzen, was doch Allah veröffentlicht haben wollte, und du fürchtetest die Menschen da, wo es billiger gewesen wäre Allah zu fürchten. Und als sich Zayd hinsichtlich ihrer (zur Scheidung von Zainab) entschlossen hatte, da gaben wir sie dir zur Frau, damit für die Gläubigen kein Vergehen mehr darin bestehe, wenn sie die Frauen ihrer angenommenen Söhne (nach der Scheidung) heiraten, denn was Allah be-

*fiehlt, das muss geschehen. Was Allah dem Propheten gegen vorherige Gebräuche geboten hat, ist für ihn ohne Tadel, denn Allahs Befehl ist fest und bestimmt, auch wenn sie (frühere Gesandte), die nur Allah und außer Allah niemanden gefürchtet haben, andere Befehle Allahs gebracht haben, und Allah führt hinlängliche Rechnung. Mohammed ist nicht der Vater eines eurer Männer, sondern er ist der Gesandte Allahs und das **Siegel der Propheten**, und Allah ist allwissend.*

Das bekannte Wort vom „Siegel der Propheten" bringt zum Ausdruck, dass Mohammed über den alten Schriften der Propheten und der vor ihm geltenden Normen steht und sie, wie im obigen Fall, abändert, um sie dann als letzter Prophet endgültig und ein für allemal zu besiegeln. Dies gilt nun nicht nur für den obigen Fall, sondern für alle Mohammed geoffenbarten Feststellungen und Gebote.

Der obige Absatz aus Sure 33 veranschaulicht auch die Schwierigkeiten einer angemessenen Übersetzung und liefert ein Beispiel für sehr unterschiedliche Interpretationen. Der Korantext sagt nämlich nicht, was Mohammed in seinem Herzen verbarg, was aber Allah veröffentlicht haben wollte und weshalb Mohammed die Menschen fürchtete, statt Allah zu vertrauen. Der Übersetzer und Kommentator der Koranausgabe des Orbis Verlags, München, (vom Namen werden nur die Initialen L. W. genannt) übersetzt gleich interpretierend: „suchtest du deine Liebe im Herzen zu verheimlichen." Dass im Fall der Liebe zu einer verheirateten Frau, und noch dazu der Frau des Adoptivsohns, wenn sie bekannt wird, das Gerede der Gemeinde befürchtet werden muss, ist plausibel, und auch dass Mohammed seine Schwiegertochter nach der Scheidung heiratete, weist in die Richtung dieser Interpretation. So lautet der Kommentar des Übersetzers folgendermaßen:[1]

„Zum Verständnis dieser und der folgenden Stelle diene: Said ibn Hareta, früher Sklave des Mohammed, dann von ihm frei gelassen und als Sohn, wie bei Freilassungen üblich, angenommen, erhielt von ihm die Seineb, Tochter des Dschahasch und der Amima, welche Mohammeds Muhme war, zur Frau.

---

[1] Nr. 3, S. 341, Kom. 27

Später aber verliebte sich Mohammed in die Seineb und wollte, dass sich Said von ihr scheide, damit er sie heirate. Die Seineb und ihr Bruder Abdallah waren aber dagegen, worauf Mohammed scheinbar von seinem Begehren Abstand nahm, bis es ihm endlich doch gelang, beide und den Said für sich zu gewinnen, so dass dieser sich von der Seineb trennte, welche nun Mohammed heiratete."

Ganz anders sieht es Mahmud Ahmad, Imam und Oberhaupt der Ahmadiyya-Bewegung des Islams, in seiner Koranübersetzung. Sein Kommentar lautet[1]:

„Der Prophet hatte den Sklaven Zaid freigelassen und als Sohn angenommen. Um den sozialen Stand des ehemaligen Sklaven in den Augen der Öffentlichkeit zu heben, verheiratete er seinen Adoptivsohn mit einer Adeligen, Zainab. Dem Propheten lag natürlich sehr daran, dass diese Ehe glücklich würde. Aber seine Erwartungen wurden nicht erfüllt. Der Vers verrät den Schmerz, der darüber am Propheten nagte. Später nahm der Prophet Zainab zur Frau, die un-

---

[1] Nr. 2, S. 644, Kom. 161

terdessen von Zaid geschieden worden war. Mit dieser Heirat wurde eine alte Sitte abgeschafft, wonach angenommene Söhne als blutsverwandt mit ihrem Adoptivvater betrachtet wurden."

Es sei dem Leser überlassen, die beiden Interpretationen mit dem Korantext zu vergleichen und sich dann für die eine oder andere Interpretation zu entscheiden.

Im Koran werden die sinnlichen Freuden keineswegs ausgespart, aber ganz deutlich relativiert und unter das Gebot Allahs gestellt.

3, 15f Den Menschen wurde begehrliche Lust an Frauen und Kindern, Gold und Silber, edlen Pferden, Viehherden und viel Ackerland eingepflanzt. Doch hat dies alles nur für dieses Leben Wert; ewige schönste Stätte ist bei Allah. Sagt selbst, kann ich euch Besseres als dies verkünden? Die Frommen werden von Allah einst Gärten, von Flüssen durchströmt, erhalten und sie werden ewig in diesen Gärten weilen. Unbefleckte Frauen und das Wohlgefallen Allahs werden ihnen zuteil, denn Allah sieht huldvoll auf seine Diener.

Auch der Islam legt großen Wert darauf, dass es zwischen den Geschlechtern züchtig und geregelt zugeht, Ausschweifung und Promiskuität werden verurteilt.

23, 2 + 6–8 Glücklich sind die Gläubigen, ... , die sich vor fleischlicher Berührung (Unkeuschheit) hüten bei anderen als bei ihren Frauen und Sklavinnen, die sie erworben haben, denn dies ist nicht zu tadeln. Wer aber nach anderen Frauen außer diesen lüstern ist, der ist ein Übertreter.

Um die jungen Leute vor Versuchungen zu bewahren, hat Allah als religiöse Pflicht bestimmt, für die Kinder einen Ehepartner zu suchen.

24, 33 Verheiratet die Ledigen unter euch, ebenso eure redlichen Knechte und Mägde, und wenn diese auch arm sind, so kann Allah sie doch mit seinem Überfluss reich machen, denn Allah ist allgütig und allwissend.

Neben einer solchen Fürsorgeheirat hat der Moslem später, wenn es seine finanziellen Mittel erlauben, die Möglichkeit, bis zu drei weitere Frauen zu heiraten:

4, 4 Überlegt gut und nehmt nur zwei, drei, vier Ehefrauen. Fürchtet ihr auch so noch, ungerecht zu sein, nehmt nur eine Frau oder lebt mit Sklavinnen, die ihr erwarbt. So werdet ihr leichter nicht vom Rechten abirren.

Jedenfalls ist die Gleichbehandlung der Frauen vorgeschrieben:

4, 130 Es kann nicht sein, dass ihr alle eure Frauen gleich liebt, wenn ihr es auch wolltet, nur wendet euch nicht von einer Frau mit sichtbarer Abneigung ab, lasst sie hierüber lieber in Ungewissheit. Wenn ihr euch jedoch vertragt und sorgsam vermeidet, ihr Böses zu tun, so ist Allah versöhnend und barmherzig.

Mohammed hatte allerdings einen viel größeren Harem, was ihm aber von Allah, ihm durch den Engel Gabriel aus dem Urkoran offenbart, ausdrücklich zugestanden wurde:

33, 51ff Dir, o Prophet, erlauben Wir alle Frauen, die du durch eine Morgengabe erkauft hast, und ebenso deine Sklavinnen, die dir Allah geschenkt hat, und die Töchter deiner Onkel und Tanten väter- und mütterlicherseits, die mit dir aus Mekka geflüchtet sind, und jede gläubige Frau, die sich dem Propheten überlassen will und die er heiraten will. Diese Freiheit sollst nur du haben vor den übrigen Gläubigen. Wir wissen es recht gut, was wir hinsichtlich ihrer Frauen und Sklavinnen befohlen haben (nämlich höchstens vier), doch begehst du kein Verbrechen, wenn du Gebrauch von dieser Freiheit machst, denn Allah ist versöhnend und barmherzig.

Auch der Verkehr innerhalb der Ehe wird im Koran freimütig angesprochen:

2, 223ff Auch über die monatliche Reinigung der Frauen werden sie dich befragen; sage: „Diese bringt euch Schaden, darum haltet euch während ihrer monatlichen Reinigung von ihnen fern, kommt ihnen nicht nahe, bis sie sich gereinigt haben." Haben sie sich aber gereinigt, mögt ihr nach Vorschrift Allahs zu ihnen kommen; Allah liebt die bekehrten Gläubigen und Reinen. Die Frauen sind euer Acker. Geht auf euren Acker wie und wann ihr wollt. Weiht aber zuvor Allah eure Seele.

Eine Ausnahme bildet der Fastenmonat Ramadan:

2, 188 Es ist euch erlaubt, in der Nacht der Fastenzeit euren Frauen beizuwohnen, denn sie sind euch und ihr seid ihnen eine Decke. Allah weiß, dass ihr euch dieses (tagsüber) versagt habt, aber in seiner Güte erlässt er euch dies (in der Nacht). Darum beschlaft sie jetzt und begehrt, was Allah euch erlaubt hat. Auch esst und trinkt des Nachts, bis ihr im Morgenstrahl einen weißen Faden von einem schwarzen unterscheiden könnt. Tagsüber aber haltet Fasten bis zur Nacht und haltet euch fern von den Frauen.

Entsprechend diesen Regelungen sind auch die großen Tugenden der Frau beschrieben: Gehorsamkeit, Treue und Verschwiegenheit. Der Gehorsam bezieht sich auf die Leitung und die Anordnungen ihres Mannes, dem sie immer zu Willen sein soll; ihm und ihrer Familie soll sie treu sein und ihr dadurch Ehre bereiten und sie soll nicht schwatzen und klatschen, insbesondere keine Intimitäten ausplaudern:

4, 35 Männer sollen vor Frauen bevorzugt werden, weil Allah auch die einen vor den anderen mit Vorzügen begabte und auch weil jene diese erhalten. Rechtschaffene

Frauen sollen gehorsam, treu und verschwiegen sein, damit auch Allah sie beschütze. Diejenigen Frauen aber, von denen ihr fürchtet, dass sie euch durch ihr Betragen erzürnen, gebt Verweise, enthaltet euch ihrer, sperrt sie in ihre Gemächer und züchtigt sie. Gehorchen sie euch aber, dann sucht keine Gelegenheit, gegen sie zu zürnen, denn Allah ist hoch und erhaben.

Mohammed ist nie soweit gegangen, dass er eine seiner Frauen gezüchtigt hätte. Er hatte allerdings einmal Anlass, über das Ausplaudern von Intimitäten seiner Frau Hafza erzürnt zu sein. [1] Mohammed hatte nämlich im siebten Jahr der Flucht aus Mekka (628) von Elmokaukas, dem Statthalter von Ägypten, die koptische Sklavin Maria und deren Schwester Schirina geschenkt erhalten. Mohammed hatte gleich Gefallen an Maria gefunden, und da noch keine Räumlichkeiten für sie vorbereitet waren, war er mit ihr ins Bett seiner gerade abwesenden Frau Hafza, Tochter des Omar, gegangen, obwohl der Beischlaf eigentlich ihr oder der Aisha gebührt hätte. Hafza bemerkte jedoch, dass ihr Bett benutzt war und stellte

---

[1] Nr. 3 S. 457, Kom. 2

Mohammed zur Rede. Daraufhin versprach Mohammed, das Mädchen nicht mehr zu berühren, wenn sie das Geschehen geheim halte. Hafza konnte diesen Vorfall aber doch nicht bei sich behalten und erzählte ihn der Aisha, woraufhin Mohammed einen ganzen Monat allen seinen Frauen fernblieb und in den Zimmern der Maria zubrachte. Erst auf die „Verwendung des Engels Gabriel" hat er Hafza dann wieder in Gnaden aufgenommen. Maria gebar Mohammed zu seiner großen Freude einen Sohn, Ibrahim, der aber leider schon 631 starb. Maria und Schirina blieben bis zu seinem Tod bei ihm. Maria starb 5 Jahre nach ihm und ist in Medina begraben. Auf das Geschehen bezieht sich die folgende Offenbarung:

66, 2 + 4–6 O Prophet, warum willst du dir, um das Wohlgefallen deiner Frauen zu erlangen, als Verbot auflasten, was Allah dir erlaubt hat? Allah ist ja versöhnend und barmherzig. ... Als der Prophet irgendeine Begebenheit einer seiner Frauen als Geheimnis vertraute, diese aber dasselbe ausplauderte, wovon Allah ihn in Kenntnis setzte, da hielt er ihr einen Teil ihrer Plauderei vor, und einen Teil verschwieg er zu ihrer Schonung. Und als er ihr dieses vor-

hielt, da fragte sie: „Wer hat dir das mitge-
teilt?" Er antwortete: „Der alles weiß und
kennt, hat es mir angezeigt." Wenn ihr bei-
de (Hafza und Aisha) euch wieder zu Allah
wenden wollt, (so ist es gut), verbindet ihr
euch aber gegen ihn (den Propheten), so
sind seine Schützer Allah und Gabriel und
die Frommen unter den Gläubigen und
auch die Engel werden ihm beistehen.
Wenn er sich von euch scheidet, so kann es
sehr leicht sein, dass sein Herr ihm zum
Tausch andere Frauen gibt, die besser sind
als ihr, nämlich gottergebene, wahrhaft
gläubige, demutsvolle, bereuende, fromme
und enthaltsame, die teils schon Männer
erkannt haben, teils noch Jungfrauen sind.

Über die Stellung der Frau im Islam ist vie-
les gesagt und geschrieben worden, was
von dem im Koran Offenbarten nicht ge-
deckt ist. Das betrifft insbesondere die
Kleidervorschriften für die Muslima. Der
dabei hauptsächlich angeführte Vers steht:

24, 31 Sage auch den gläubigen Frauen,
dass sie ihre Augen niederschlagen und
sich vor Unkeuschem bewahren sollen und
dass sie nicht ihre Zier zur Schau stellen
sollen, außer was sichtbar sein muss, und

dass sie ihren Busen mit dem Umschlagtuch verdecken sollen.

Beim Zitat dieses Verses wird immer unterschlagen, dass es im vorangehenden Vers heißt:

24, 30 Sage den gläubigen Männern, dass sie ihre Blicke senken und ihre Keuschheit wahren sollen. Das ist geziemender für sie. Siehe, Allah kennt ihr Tun.

Hier werden also Männer und Frauen ermahnt, sich nicht schamlos zu verhalten. Sicher würden es sehr viele nicht muslimische westliche Frauen begrüßen, wenn Weiblichkeit in Reklame, Zeitschriften, Film und Fernsehen nicht so aufreizend und unverhüllt dargestellt würde und sie sich so nicht ständig mit jugendfrischen Schönheiten vergleichen müssten, mit deren Äußerem Mütter nach mehreren Geburten nur schwerlich konkurrieren können. Die Muslima Nehed Selim schreibt dazu in ihrem Beitrag „Nehmt den Männern den Koran"[1]:

„Was ich zwischen den Zeilen dieses Verses herauslese, ist nicht der Versuch, jeden

---

[1] Nr. 12, S. 27

Millimeter weiblichen Fleisches und der Kopfhaare krampfhaft zu verhüllen – wie hysterische Männer es auslegen – sondern vielmehr ein Appell an die Frauen, sich zu mäßigen, was das Interesse an ihrem Äußeren und die Verwendung von Schmuck und Kosmetika in der Öffentlichkeit betrifft. Dem Wortsinn nach besagt dieser Text folglich, dass die Frauen ihre Umschlagtücher sorgfältiger über ihren Busen schlagen und es mit dem Schminken nicht übertreiben sollen."

Und am Ende des Beitrags fasst sie zusammen[2]:

„Nichts in diesem Text weist meines Erachtens auf die Pflicht hin, einen Tschador (Zeltkleid) oder einen Niqab (Gesichtsschleier) oder gar ein Kopftuch zu tragen. Dafür enthält er den Appell, sich zu mäßigen, was das Zurschautragen von Make-up und Nacktheit betrifft. Ich persönlich halte dies für sehr weise, weil wir Frauen aus mehr als nur einem schönen Körper bestehen. Ich habe Mitleid mit den Mädchen von heute, die meinen, in Kälte und Wind unbe-

---

[2] ebd. S. 34

dingt ein nabelfreies Top tragen zu müssen."

Auch die Verheißung von geschlechtsspezifischen Freuden für Männer im Paradies an mehreren Stellen des Korans bedeutet nicht, dass nicht auch die gottesfürchtigen und tugendhaften Frauen ins Paradies kämen. Die Stellen, an denen den Männern im Paradies wunderschöne Mädchen versprochen werden, zitiert man nur häufiger, weil sie für Männer so besonders verlockend sind. Daneben gibt es aber durchaus Stellen, in denen ausdrücklich auch den Frauen das Paradies versprochen wird:

40, 41 Wer aber Gutes tat, sei es Mann oder Frau, und sonst gläubig ist, der wird in das Paradies eingehen und darin Versorgung im Übermaß finden.

57, 12f Wer will wohl Allah ein schönes Darlehn leihen, da er es ihm ja zwiefach zurück erstatten und ihm außerdem noch herrlichen Lohn geben wird? An jenem Tag einst wirst du sehen, wie den gläubigen Männern und Frauen ihr Licht vorangeht und noch eins ihnen zur Rechten, und zu ihnen gesagt wird: „Frohe Botschaft erhaltet ihr heute über von Wasserläufen durch strömte Gärten und ewig sollt ihr darin bleiben. Das ist eine große Glückseligkeit.[1]

Eine kleine Einschränkung macht Mohammed allerdings. Es handelt sich dabei jedoch nicht um eine Offenbarung im Koran, sondern um eine Überlieferung von Reden Mohammeds in den Hadithen Bukhari und Muslim, hier zitiert nach Khoury:[2]

O ihr Gemeinschaft der Frauen, gebt Almosen und bittet viel um Vergebung, denn ich sehe, dass ihr die Mehrheit der Höllenbewohner bildet.

Eine beredte Frau unter ihnen sagte: „Wieso, o Gesandter Gottes, bilden wir die Mehrheit der Höllenbewohner?"

Er sagte: „Ihr flucht viel und seid undankbar gegen euren Lebensgenossen. Und ich habe festgestellt, dass es unter denen, die Mangel an Verstand und Religion leiden, keine gibt, die lästiger für die Verständigen sind als ihr."

---

[1] s. auch Sure 9, 72; 48, 6
[2] Nr. 4, S. 291

Sie sagte: „O Gesandter Gottes, worin besteht der Mangel an Verstand und Religion?"

Er sagte: „Der Mangel an Verstand zeigt sich darin, dass das Zeugnis von zwei Frauen so viel gilt wie das Zeugnis eines Mannes. Das ist der Mangel an Verstand. Dass die eine (von euch) Nächte verbringt ohne zu beten, und dass sie im Ramadan das Fasten bricht, das ist der Mangel an Religion." (bei Bukhari; Muslim)

Aber gehorsame, treue, verschwiegene, demutsvolle und gottesfürchtige Frauen können gewiss sein, auch ins Paradies zu kommen. Sie haben es allerdings offenbar schwerer als Männer. Ob dies alles für Frauen eine verlockende Aussicht ist, steht dahin.

Inscha'allah

Heldentum ist sicherlich nicht jedermanns Sache. Auch die Familienstrukrtur im Islam wird wohl nicht von allen als verlockend empfunden. Die eigentliche Attraktivität des Islams liegt vielmehr in dem Bereich, in dem er dem Christentum am meisten gleicht: Im unbedingten Gottvertrauen. Je mehr in der christlichen Welt Religion zur Privatsache wird und sich in das „stille Kämmerlein" zurückzieht, je seltener das Bekenntnis zu Christus offen ausgesprochen und je weniger seine Lehre erkennbar Richtschnur des täglichen Handelns ist, desto attraktiver wird der Islam, in dem das Leben „auf dem Weg Allahs" noch gemeinsam praktizierte Wirklichkeit ist.

Wir im Westen leben in einer Zeit der Macher. Forschergeist, Initiative und Unternehmungslust stehen hoch im Kurs und bilden die Voraussetzung für Fortschritt und Wohlstand. Wer sagte angesichts der Erfolge der Wissenschaft heute noch: „An Gottes Segen ist alles gelegen"? Wer erinnerte sich bei seinen Vorhaben noch an die früher geläufigen Worte aus dem Jakobusbrief:

Jak. 4, 13–15 Und nun ihr, die ihr sagt:
„Heute oder morgen wollen wir in die oder
die Stadt gehen und wollen dort ein Jahr
zubringen, Handel treiben und Gewinn ma-
chen" und wisst nicht, was morgen sein
wird. Was ist euer Leben? Ein Rauch seid
ihr, der eine kleine Weile bleibt und dann
verschwindet. Dagegen solltet ihr sagen:
„Wenn der Herr will, werden wir leben und
dies oder das tun."

Das ist sehr ähnlich dem Inscha'allah – so
Allah will – das man bei jedem Geschäft
oder Plan von einem Moslem hören kann,
so wie es im Koran steht:

18, 24 Von keiner Sache sage: „Morgen
will ich das tun" ohne anzufügen: So Allah
will."

Mohammed erzählt zur Verdeutlichung
folgende drastische und darum sehr ein-
drückliche Parabel, aufgezeichnet in der
Hadith Muslim:

Kap. 50, Nr. 17 Abu Huraira, Allahs Wohl-
gefallen auf ihm , berichtete, dass der Ge-
sandte Allahs, Allahs Segen und Friede auf
ihm, sagte: „Sulaiman Ibn Dawud (Salo-
mon, Sohn Davids,) Allahs Friede auf bei-

114

den, sagte: „Ich mache mit Sicherheit in dieser Nacht die Runde mit einhundert – oder neunundneunzig – Frauen, und alle werden jeweils einen Ritter zur Welt bringen, der auf dem Weg Allahs kämpfen wird!" Sein Gefährte sagte dann zu ihm: „Sprich Inscha'allah." Er sagte dies aber nicht und keine der Frauen wurde schwanger, mit Ausnahme einer Frau, die einen Halbmenschen zur Welt brachte. Ich schwöre bei dem, in dessen Hand mein Leben ist, dass, wenn er „Inscha'allah" gesagt hätte, so wären sie allesamt Ritter geworden, die auf dem Weg Allahs gekämpft hätten."

Man verfehlt den Brennpunkt dieser Parabel, wenn man sich etwa vorstellt, wie sich die 99 Haremsdamen im Achtminutentakt für diesen Potenzprotz hinlegen. Die entscheidende Aussage ist vielmehr, dass auch ein über die Maßen potenter Mann mit all seiner Kraft nichts erreichen kann ohne den Segen Allahs – alles was der Mensch unternimmt, ohne sich unter den Willen Allahs zu stellen, führt nur zu einer Missgeburt. Auch der Schluss dieser Parabel will keineswegs sagen, dass die Worte „Inscha'allah" wie eine Zauberformel wirken, die dann das geplante Werk gelingen lässt, sondern es soll nur dargestellt werden, dass das Vorhaben des Mannes an sich Allah wohlgefällig ist und nur die Haltung des „Machers", der nicht nach dem Willen Allahs fragt, in die Irre führt.

Auch wir Christen beten: „Vater unser, ... Dein Wille geschehe." Das heißt, dass sich der Christ bemüht, in seinem Handeln nach Gottes Willen zu fragen und dementsprechend zu handeln. Dem Moslem verleiht das Wissen um Allahs Geschichtsmächtigkeit eine große Gelassenheit in allen Situationen des Lebens:

2, 155ff Sagt nicht von jenen, die für den Weg Allahs getötet wurden: „Sie sind tot", sondern: „Sie sind lebendig", ihr versteht das nur nicht. Wahrlich, Wir wollen euch auf die Probe stellen durch Furcht, Hunger und Schaden, den ihr an Vermögen, Leib und Feldfrüchten erleiden werdet. Aber Heil verkünde den fromm Duldenden, denen, die im Unglück sprechen: „Wir gehören Allah an, wir kehren zu ihm zurück." Über diese kommt Segen und barmherzige Gnade von ihrem Herrn.

Und es gilt:

57, 23 Kein Missgeschick kommt über die Erde oder euch, es wäre nicht schon vorher, ehe Wir es entstehen ließen, in dem Buch (ewigen Ratschlusses) aufgezeichnet gewesen. Allah ein Leichtes! Dies wird euch deshalb gesagt, damit ihr euch nicht zu sehr über Güter betrübt, welche euch entgehen, und nicht zu sehr freut über jene, die euch zuteil werden.

So auch

120, 108 Wenn dich Allah mit einem Übel heimsucht, so kann dich außer ihm niemand davon befreien. Und will er dir Gutes geben, so gibt es niemanden, der Allahs Gnade zurückhalten könnte. Er gibt seinen Dienern nach Gefallen, denn er ist gnädig und barmherzig.

Selbst die Glaubensentscheidung steht allein bei Allah:

14, 5 Allah führt in den Irrtum, wen er will, und leitet, wen er will, denn er ist allmächtig und allweise

Ebenso:

4, 144 Wen Allah in die Irre führt, der findet nimmer den rechten Weg.

Dies von Allah jedem zugeteilte, unabänderliche Los (Kismet)[1] entlastet das Gewissen eines Moslems, da die letzte Verantwortung für alles Geschehen bei Allah liegt. Dies führt besonders in der Volksfrömmigkeit oft zu einer fatalistischen Haltung, die unserem westlichen Denken fremd ist, und die den Unternehmungsgeist und die Entscheidungsfreudigkeit hemmt. Andererseits ist es unmöglich, die vielen Stellen aus dem Koran zu zitieren, in denen aufgefordert wird, an Allah und seinen Gesandten zu glauben und ihm gehorsam zu sein und Gutes zu tun, um so das Paradies zu erreichen, denn der Mensch wird am Jüngsten Tag von Allah nach seinen Werken belohnt oder bestraft. Allah wiegt und zählt die Werke der Menschen und wird gerecht urteilen:

21, 48 Am Tage der Auferstehung werden Wir uns gerechter Waage bedienen und keiner Seele irgendein Unrecht antun, und jedes Werk, und wäre es auch nur so schwer wie ein Senfkorn, zum Vorschein bringen; denn Wir sind ein genauer Rechner.

---

[1] Nr. 5, Stichwort „Kismet"

Auf dieser „gerechten Waage" können gute Werke kleine Fehltritte aufwiegen. So kann ein versäumtes Pflichtgebet oder etwas Schnaps, heimlich unter dem Tisch in die Cola geschüttet, leicht durch eine Almosenspende aufgewogen werden. Der Moslem braucht also keinen Erlöser. Er hat es selbst in der Hand, ob er dereinst ins Paradies kommt oder zur Hölle fährt. Allerdings summieren sich mit der Zeit auch solche kleinen Verfehlungen, die nur so viel wie ein Senfkorn wiegen, und es ist nicht sicher, ob am Ende die Rechnung aufgeht. Und

14, 52 ... Allah ist schnell im Zusammenrechnen.

Es gibt jedoch einen Königsweg, um aller Sünden ledig zu werden. Dem Moslem wird an vielen Stellen gesagt, wie er selbst die Vergebung aller Schuld bei Allah erreichen kann:

61, 11 O Gläubige, soll ich euch eine Ware (einen Handel) zeigen, der euch von peinvoller Strafe erretten kann? Glaubt an Allah und seinen Gesandten und kämpft mit Gut und Blut für die Religion Allahs. So ist es besser für euch, wenn ihr es wissen wollt. Dann wird Allah euch eure Sünden

vergeben und euch in Gärten führen, die
Wasserläufe durchströmen.

9, 111 Wahrlich, Allah hat von den Gläubi-
gen ihr Leben und ihren Besitz damit er-
kauft, dass sie das Paradies erhalten, wenn
sie für die Religion Allahs kämpfen. Mögen
sie nun töten oder getötet werden, so wird
doch die Verheißung, welche in der Thora,
im Evangelium und im Koran enthalten ist,
für sie in Erfüllung gehen. Und wer ist wohl
in seinem Versprechen verlässlicher als
Allah? Freut euch daher über das Tausch-
geschäft, das ihr gemacht habt, denn es
bringt große Glückseligkeit.

Jedermann kann leicht nachprüfen, dass es
eine Stelle, wo für das Töten im Kampf für
die Religion die Vergebung aller Sünden
und das Paradies verheißen wird, im Evangelium nicht zu finden ist. Da es Mohammed aber aus dem Ur-Koran offenbart wurde, handelt es sich hier für einen Moslem
offenbar wieder um eine Verfälschung der
Schrift durch bewusstes Weglassen entsprechend der Offenbarung:

5, 14 Auch mit denen, welche sagen: „Wir
sind Christen", hatten wir einen Bund ge-
schlossen; aber auch sie haben manches

*vergessen von dem, was ihnen gesagt wur-
de.*

*3, 71 O Leute der Schrift! Was vermengt ihr
Wahres mit Erlogenem und verbergt die
Wahrheit wider besseres Wissen?*

Für Christen klingt das jedoch wenig über-
zeugend, da Erlösung durch Töten von Ungläubigen in eklatantem Widerspruch zur
gesamten Botschaft Jesu steht.

Die Sharia

Wie schon oben im Kapitel „Recht und Unrecht im Islam" ausgeführt, gibt der Koran dem Gläubigen vielfältige Anweisungen für die unterschiedlichsten Situationen seines Lebens. Dabei haben die Anweisungen unterschiedliche Verbindlichkeit. Generell wird unterschieden zwischen Verbotenem (haram) und Erlaubtem (halal)[1]. Das Erlaubte wird untergliedert in a) Gebotenes (fard), und zwar zum einen in kollektiv Gebotenes, wie zum Beispiel die Teilnahme am Krieg auf Allahs Weg, und zum anderen individuell Gebotenes, wie zum Beispiel das Fasten. Für beides kann der Gläubige, der das Gebotene befolgt, Lohn erwarten. Die Nichtbefolgung zieht Strafe nach sich. Daneben steht b) das Angeratene (mustahab) etwa statt Rache zu nehmen, das Böse mit Geduld zu ertragen, was belohnt, jedoch nicht bestraft wird, wenn es jemand nicht fertig bringt. Des Weiteres gehört zum Erlaubten c) das lediglich Gestattete (mubâh), was weder Lohn noch Strafe nach sich zieht, wie die meisten täglichen Ver-

_____

[1] Die Kategorien des religiösen Gesetzes nach Nr. 8, S. 4

richtungen, und schließlich d) das Abgeratene (makrûh), das zwar erlaubt ist und deshalb auch nicht bestraft wird, aber doch nicht als gut befunden wird, wie zum Beispiel die Heirat eines Moslems mit einer Christin.

Daneben gibt es noch die Kategorien gültig und ungültig. So ist zum Beispiel eine rituelle Waschung mit gestohlenem Wasser zwar verboten, aber nicht ungültig, sondern gültig.

Die Anweisungen im Koran geben einem Menschen einen festen Rahmen für seine Handlungen und Entscheidungen. Situationen, die aus diesem Rahmen herausfallen, werden nach der Sunna (Gewohnheit des Propheten) entschieden, die in den Hadithen (Tradition) überliefert wurde. So bildete sich, ausgearbeitet und zusammengestellt durch kenntnisreiche und begnadete Gelehrte, die Sharia[1] (eigentlich „Weg zur Tränke", dann auch „Der zu befolgende Weg" und später „Das von Allah Befohlene). Diese Lehrer fragten sich, wie hat oder hätte

---

[1] Dieser Absatz nach Nr. 14, Bd. 8, 1220–1222. Dort Ausführlicheres

Mohammed[1] in dieser Situation entschieden? Sie formulierten dann im Analogieschluss (Qiyas) die Handlungsnorm. Blieben danach noch strittige Fragen, so berieten sich die Rechtsgelehrten und entschieden nach der „idjma", dem consensus prudentium. Dabei beriefen sie sich auf ein Wort Mohammeds, das besagt: „Meine Gemeinde wird nie in einem Irrtum übereinstimmen."

Hierzu ist allerdings zu sagen, dass die Fragen der Rechtssetzung und der Willensfreiheit im Blick auf Allahs Allmacht in den ersten Jahrhunderten nach Mohammed zu Spaltungen und Sektenbildung führten. So gibt es auch heute noch Gruppierungen im Islam, die diese Fragen anders beantworten als die sich im 9. Jahrhundert herausbildende Orthodoxie. Zu dieser Zeit hatten sich vier sunnitische Rechtsschulen durchgesetzt, die nach den Gründern benannt sind: die Hanafiten (nach Abu Hanifa, +767), die Malikiten (nach Malik Ibn Anas, +795), die Schafi'iten (nach Ash Shafi'i, +820) und die Hanbaliten (nach Ahmad Ibn Hanbal, +825).

---

[1] s. auch Sure 45, 18ff

Die Sharia umfasst alle Lebensverhältnisse und gibt so dem Moslem Richtschnur und Sicherheit bei seinen Handlungen, wobei die letzte Verantwortung für all sein Handeln bei Allah liegt. Echte Konflikte ergeben sich nur in einer nicht-islamischen Gesellschaft, wenn deren Rechtsverständnis den geheiligten Normen der Sharia widerspricht. Aber schließlich ist Allah gütig und barmherzig zu den Gläubigen und es ist ihnen die Vergebung ihrer Sünden sicher, wenn sie sich nur tapfer und ohne Vorbehalt auf dem Weg Allahs einsetzen. Ein solch geregeltes Handlungsmuster ist wohl für manche Menschen eine Verlockung, weil ihnen Entscheidungen und Verantwortung abgenommen werden. Dazu kommt das Gefühl der Geborgenheit in einer großen Gemeinschaft, die immer wieder aktuell erlebt wird beim gemeinsamen rituellen Gebet. Dies befriedigt die Friedenssehnsucht der Menschen. Gleichzeitig wird das Agressionspotential bedient, indem der Gegensatz zu den Ungläubigen immer wieder mit unterschiedlicher Schärfe betont wird.

Diese so anheimelnde Einheit der Gläubigen hat nach Mohammeds Tod schon bald über der Frage der rechtmäßigen Nachfolge eine Spaltung erlitten. Das Schicksal der Spaltung, wenn auch aus anderen Gründen, teilte auch die Christenheit durch die Spaltung zwischen Byzanz und Rom in Ost- und Westkirche 1054 und dann später noch einmal durch die Reformation. Die strenge Trennung, andauernde Gegnerschaft, ja Feindschaft zwischen Evangelischen und Katholiken ist erst nach dem 2. Weltkrieg weitgehend überwunden worden und ist inzwischen zu einem freundschaftlichen Neben- und Miteinander geworden. Sunniten und Schiiten im Irak könnten in dieser Hinsicht sicher einiges von den „Ungläubigen" lernen.

Auch gegenüber der Ostkirche sind vom Papst Schritte getan worden, die beide einander näher bringen sollen, indem auf das gemeinsame Fundament der Friedensbotschaft Jesu und die ungebrochene apostolische Nachfolge verwiesen wird. Auch den Muslimen wird immer wieder von kirchlicher und auch von staatlicher Seite die Hand entgegen gestreckt mit dem Angebot eines friedlichen Zusammenlebens und eines respektvollen offenen Gesprächs. So heißt es zum Beispiel in der Handreichung der Evangelischen Kirche[1]:

„Zu einem Dialog auf allen Ebenen, der Vertrauen zueinander wachsen lässt und der ein gemeinsames Handeln in den Spannungsbereichen gesellschaftlicher Integration und des praktischen Zusammenlebens zu tragen vermag, gibt es keine zukunftsträchtige Alternative."

In diesem Sinne sollte auch das auf dem Umschlag in arabischer Schrift aufgezeichnete Motto „Wa-s-salam" – und es sei Friede – verstanden werden und nicht, wie diese Formel auch verwendet wird, als Ende bzw. Ablehnung eines Gesprächs, wie etwa in:

28, 55 Wir haben unsere Werke und ihr die eurigen – Friede sei mit euch. Wir haben kein Verlangen nach dem Umgang mit unwissenden Menschen.

Eine solche Haltung dient gewiss nicht dem Frieden, zumal so manches, was dem Moslem im Koran als verlockend und erstrebenswert vorgestellt wird, von vielen Außenstehenden eher als bedrohlich

---

[1] Nr. 9, S. 14

empfunden wird oder mindestens als unvereinbar mit Werten und Grundsätzen erscheint, wie sie etwa im Grundgesetz verankert sind, ganz zu schweigen von der Schwierigkeit, den Koran mit der Botschaft Jesu in Einklang zu bringen.

So erhoffen wir eine ausführliche Stellungnahme zu dem Vorangehenden und zu dem folgenden Beitrag.

Aufklärung tut not

Liebe muslimische Mitbürger,

täglich begegnen mir freundliche und friedliche Moslems als Verkäufer in Geschäften, im Verkehr, seltener bei Festen und Veranstaltungen. Dagegen erfahren wir in den täglichen Nachrichten immer wieder, dass Selbstmordattentäter unter Berufung auf die Gebote des Islams uns sehr erschreckende Untaten begehen. Es ist daher an der Zeit, einmal öffentlich mit dem Koran klar zu stellen, wieso diese Leute nicht im Sinne Mohammeds agieren. Da sich diese Frauen und Männer auf den Koran berufen, sei hier mit den angemerkten Koranversen einmal dargestellt, wie etwa ein Argumentationsstrang aussehen könnte, mit dem ein Moslem von anderen Muslimen zu einem Selbstmordattentat angeworben wird. Um einen so Angeworbenen – und auch die deutsche Öffentlichkeit – zu überzeugen, dass er irregeleitet ist, genügt es nicht zu behaupten „Islam bedeutet Frieden" oder „Der Islam ist eine Friedensreligion", vielmehr sollten diese Behauptungen auch ausführlich mit dem Koran unter Beachtung des Kontextes belegt werden und ihnen

widersprechende Stellen erklärt und ent-
kräftet werden. Eine solche ausführliche
Darlegung einzufordern ist Sinn des folgenden Beitrags.

Anwerbung

Ich will den Frieden auf Erden

Wir auch - doch es kann nur Frieden werden,
wenn sich alle zum Islam bekehren.
Nur so werden wir die Welt beschichten,
wenn wir die Ungläubigen vernichten.[1]

Die Christen glauben doch auch an Gott.

Und treiben trotzdem ihren Spott.
Und ganz entgegen Mohammeds Lehren
sie Jesus auch als Gott verehren.[2]

Der Koran verbietet, den Kampf zu beginnen.[3]

Sehr wohl - aber kannst du dich besinnen,
dass sich die Ungläubigen jemals dämpften
und uns nicht mit allen Mitteln bekämpften?

Man sagt, sie sollten die Feinde lieben?

Schau dir doch an, was sie betrieben!
Das hört sich alles wunderbar an.
Was zählt ist aber, was sie getan!
Wer hat denn den Irakkrieg begonnen?
Wer den Spott auf den Propheten ersonnen?

Der Koran befiehlt, in all unserm Streben
soll Mohammed uns ein Beispiel geben.[4]
Weißt du, was er mit den Juden gemacht,

als sie ihn verspottet und verlacht?
Er hat sie alle umgebracht.[5]

Ja, man sollte sie töten, doch ich will leben.

Wir müssen bereit sein, das Leben zu geben.[6]
Das hat der Prophet sehr oft betont.
Er sagte uns auch, dass es sich lohnt.
Das Leben auf Erden, ob arm oder reich,
ist elend und nichtig im Vergleich
mit dem, was den Gläubigen wird gegeben
im Paradies, im ewigen Leben.[7]

Dort werden sie sich in Glückseligkeit wiegen,
bei Jungfrau mit schwellenden Busen liegen.
Das hat Allah den Kämpfern des Islam versprochen[8]
und Allah hat niemals sein Wort gebrochen.
Du musst mit uns den Weg des Glaubens gehen[9]
und nicht zweifelnd und ängstlich abseits stehen.

Nein, nein, ich glaube und zweifle nicht.
Ich werde handeln, ich kenn meine Pflicht.
Gebt mir nur Ziel, Ort und Zeitpunkt an.
Ich folg dem Propheten. Ich bin sein Mann.

[1] *Sure 8, 39 Bekämpft sie (die Ungläubigen) bis alle Versuchung aufhört und die Religion Allahs allgemein verbreitet ist.*

[2] *9, 30 die Christen sagen: „Der Messias ist Allahs Sohn. So spricht ihr Mund. Sie führen eine ähnliche Rede wie die Ungläubigen vor Ihnen. Allahs Fluch über sie!*

[3] *2, 190 u.191 Und bekämpft auf Allahs Pfad, wer euch bekämpft, doch übertretet nicht. (d.h. indem ihr zuerst den Kampf beginnt.) Siehe, Allah liebt nicht die Übertreter. 191 Und tötet sie, wo immer ihr auf sie stoßt und vertreibt sie, von wo sie euch vertrieben, denn Verführung (zum Unglauben) ist schlimmer als Töten.*

[4] *33, 21 In dem Gesandten Allahs habt ihr wirklich ein schönes Beispiel für jeden, der auf Allah und den Jüngsten Tag hofft und oft Allahs gedenkt.*

[5] *33, 60 - 61 Wahrlich, wenn die Heuchler und diejenigen, in deren Herzen Krankheit ist und die Aufwiegler in Medina (gemeint sind die jüdischen Stämme) nicht aufhören, dann werden sie dort nur noch kurze Zeit deine Nachbarn sein. Verflucht sind sie. Wo immer sie gefunden werden sollen sie ergriffen und allesamt getötet werden. (Alle 600 Männer des jüdischen Stammes Qurayza wurden dementsprechend niedergemacht.)*

[6] *9, 111 Siehe, Allah hat von den Gläubigen ihr Leben und ihren Besitz mit dem Paradies erkauft. Sie kämpfen auf Allahs Weg, töten und werden getötet.*

[7] *Habt ihr mehr Gefallen an diesem als an dem zukünftigen Leben? Wahrlich, die Versorgung in diesem Leben ist gegen die des zukünftigen nur als sehr gering zu erachten.*

[8] *78, 31ff Für die Gottesfürchtigen aber ist ein Ort der Seligkeit bereitet, mit Bäumen und Weinreben bepflanzt, und sie finden dort Jungfrauen mit schwellenden Busen und gleichen Alters mit ihnen.*

[9] *49, 15 Wer nicht an Allah und seinen Gesandten glaubt, für diesen Ungläubigen haben wir das Höllenfeuer bestimmt.*

Bibliographie

1   Der Koran, arabisch – deutsch, aus dem Arabischen von Max Henning, überarbeitet von Murad Wilfried Hofmann, Kreuzigen/München, Hugendubel 2001

2   Der Heilige Qur-ân, Arabisch und Deutsch, 2. Aufl. , Hrsg. Mahmud Ahmad, Verl. Der Islam, Zürich 1959

3   Der Koran, Das heilige Buch des Islam, übers. und kommentiert von L. W. Orbis Verlag München 1999

4   Khoury, A. Th. , Der Koran, Patmos, Düsseldorf, 2005

5   Der Brockhaus, Religionen, Leipzig/Mannheim 2007

6   Die Religion in Geschichte und Gegenwart (RGG) 3. Aufl. , J. C. B. Mohr (Paul Siebeck) Tübingen 1986

7   Enzyclopaedia Britannica, 2004, Stichworte „Islam" „Mohammed" u. a.

8   Payer, Alois 1944, Islam, Fassung vom 26. 4. 1999 (Materialien zur Religionswissenschaft)

9   EKD Texte 86, Klarheit und gute Nachbarschaft. Handreichung des Rates der EKD

10 Nicolaus von Kues, Vom Frieden zwischen den Religionen, übers. von Klaus Berger und Christiane Nord, Inselverlag, Frankfurt/ Leipzig 2002

11 Yücelen, Yüksel, Was sagt der Koran dazu, 5. Aufl. dtv München 2001

12   Denkanstöße 2007, Piper München/Zürich
      2006 Kuschel, Karl-Josef, Streit um Abra-
      ham, Piper, München, 1996
14   Historisches Wörterbuch der Philosophie,
      Hrsg. Joachim Ritter, Wissenschaftliche
      Buchgesellschaft, Darmstadt
15   Evgl. Kirche i. Rhld. Christen und Muslime
      vor dem einen Gott
16   Neuner-Roos, Der Glaube der Kirche in
      den Urkunden der Lehrverkündigung, Hrsg.
      Karl Rahner SJ, Verl. Friedrich Pustet 1958
17   Harenberg, Lexikon der Religionen, Dort-
      mund 2002
18   Kurt Rommel, Hrsg. Was andere glauben
      Stuttgart 1992
19   Anna Reimann in SPIEGEL ONLINE
      Schäubles Muslim-Studie 20. 12. 2007
20   Bassam Bat Ye'or, Der Niedergang des
      orientalischen Christentums unter dem Is-
      lam, Dt. Gräfelfing 2005
21   P. Scholl-Latour, Schwert des Islam
      Wilh. Heyne-Verl., München
22   Der große Ploetz, 29. Aufl. 1980